Bibliografische Information der Deutschen Nationalbibliothek:

Die Deutsche Bibliothek verzeichnet diese Publikation in der Deutschen National-
bibliografie; detaillierte bibliografische Daten sind im Internet über http://dnb.d-
nb.de/ abrufbar.

Impressum:

Copyright © 2018 GRIN Verlag
Druck und Bindung: Books on Demand GmbH, Norderstedt Germany
ISBN: 9783346153586

Dieses Buch bei GRIN:

https://www.grin.com/document/541154

Torsten Gfesser

Wie wird Agilität verstanden und umgesetzt? Die Merkmale agiler Softwareentwicklung

GRIN Verlag

Wie wird Agilität verstanden und umgesetzt? Eine qualitative Studie zu den Merkmalen agiler Softwareentwicklung.

Masterarbeit

Masterarbeit zur Erlangung des akademischen Grades
Master of Science (M.Sc.) im Studiengang Human Factors

Institut für Psychologie und Arbeitswissenschaft

Fachgebiet Kognitionspsychologie und Kognitive Ergonomie

der Technischen Universität Berlin

Berlin, den 21.11.2018

Vorgelegt von: Torsten Gfesser

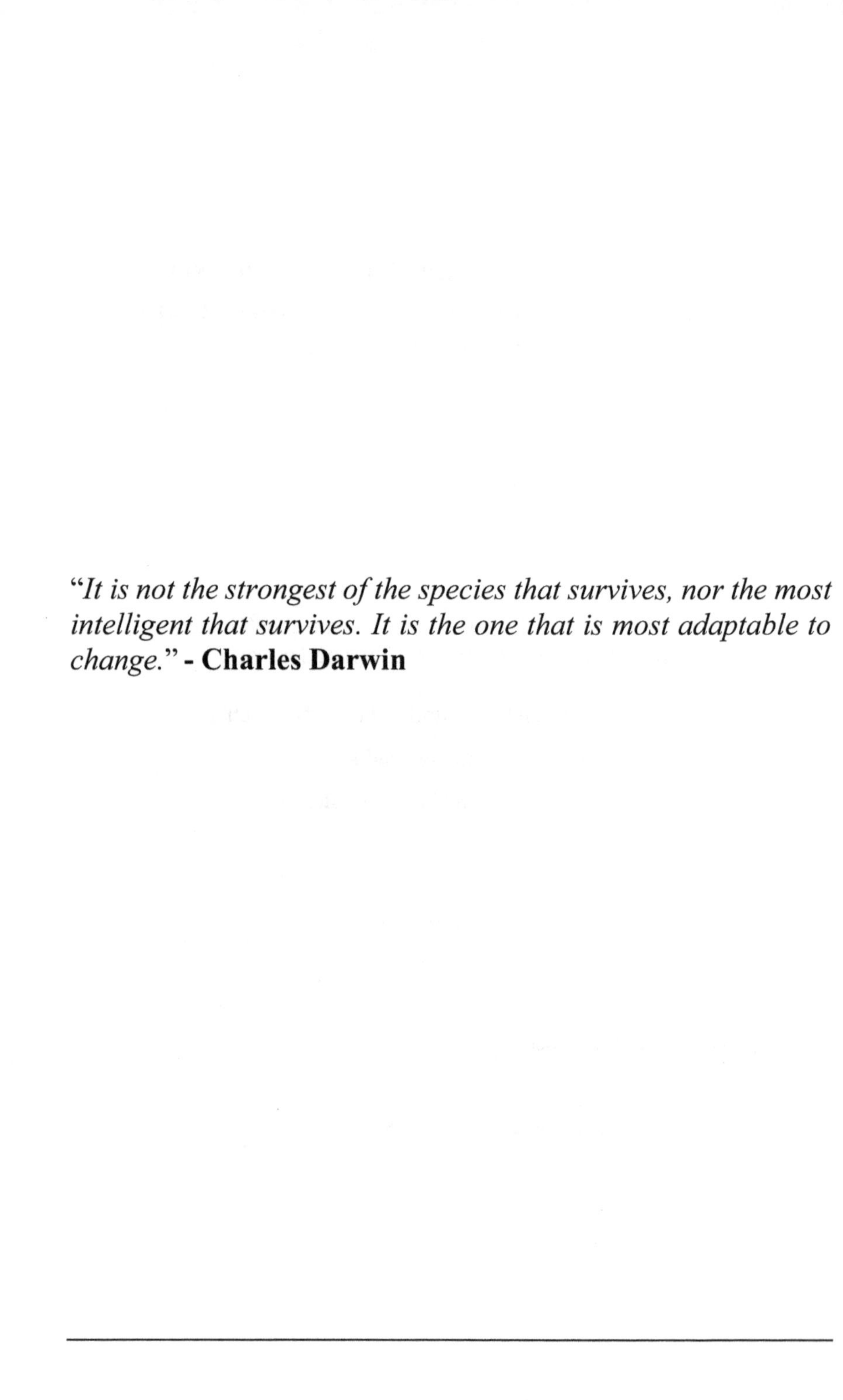

"It is not the strongest of the species that survives, nor the most intelligent that survives. It is the one that is most adaptable to change." **- Charles Darwin**

Abstract

Agile software development have been used for more than two decades. Since then attempts have been made to define agile software development. The definitions published so far are not generally accepted as they give an incomplete idea of agile development. As a consequence, the concept of agile software development is not explained at any point and agile methods are used with a certain degree of insight. With the spread of agile methods more projects failed due to incomplete understanding. The aim of this thesis was to understand agile software development from the perspective of literature and practice in order to develop and propose a comprehensive working definition. For this purpose, the history of software development was reworked in order to be able to grasp the development of certain approaches that are important for agile software development. Furthermore, a literature analysis of 30 definitions and the agile manifestos was conducted to capture the characteristics of agile software development from a literature perspective. In addition to the literature analysis, ten employees were interviewed by telephone who advised, researched or developed software with agile methods in order to obtain the characteristics of agile software development, reasons for and against their use, as well as further information from a practical point of view. On the basis of both methods, the unique characteristics of agile software development could be identified and a comprehensive working definition developed. The results as well as their theoretical and practical implications were discussed. Further important questions and needs for action for future research could be derived.

Zusammenfassung

Seit über zwei Jahrzehnten werden Methoden der agilen Softwareentwicklung verwendet und seither wird auch der Versuch unternommen, die agile Softwareentwicklung zu definieren. Die bisher veröffentlichten Definitionen werden nicht allgemein anerkannt, da sie ein unvollständiges Bild von der agilen Entwicklung vermitteln. In der Konsequenz wird das Konzept der agilen Softwareentwicklung an keiner Stelle erklärt und die agilen Methoden werden mit einem bestimmten Grad an Unwissenheit eingesetzt. Mit der stärkeren Verbreitung agiler Methoden scheiterten auch mehr Projekte am unvollständigen Verständnis. Das Ziel dieser Arbeit war es, das Verständnis von agiler Softwareentwicklung aus Perspektive der Literatur und Praxis zu erfassen, um eine umfassende Arbeitsdefinition zu erarbeiten und vorzuschlagen. Dafür wurde die Geschichte der Softwareentwicklung aufgearbeitet, um die Entwicklung bestimmter Ansätze, die für die agile Softwareentwicklung wichtig sind, erfassen zu können. Weiterhin wurde eine Literaturanalyse von 30 Definitionen und den agilen Manifesten durchgeführt, um die Merkmale agiler Softwareentwicklung aus Sicht der Literatur zu erfassen. Neben der Literaturanalyse wurden über Telefoninterviews bundesweit zehn Mitarbeiter befragt, die über agile Softwareentwicklung berieten, forschten oder agil entwickelten, um die Merkmale agiler Softwareentwicklung, Gründe für und gegen deren Einsatz neben weiteren Informationen aus Sicht der Praxis zu erhalten. Auf Basis beider Methoden konnten die Alleinstellungsmerkmale der agilen Softwareentwicklung identifiziert und eine umfassende Arbeitsdefinition erarbeitet werden. Die Ergebnisse, sowie deren theoretische und praktische Implikationen wurden diskutiert und es konnten weitere wichtige Fragestellungen und Handlungsbedarfe für zukünftige Forschungen abgeleitet werden.

Danksagungen

Ich möchte an dieser Stelle all denen Danken, die mich bei der Erstellung dieser Arbeit unterstützt haben.

Ein ganz besonderer Dank gilt meinem Betreuer, Dr. Michael Minge, der sich gerne die Zeit nahm, mir mit Rat zur Seite zu stehen, mich bei der Akquise von Probanden unterstützte und mir dabei half, die ein oder andere organisatorische Hürde zu überwinden.

Ich bedanke mich bei Friederice Schröder aus selbigem Fachgebiet der Kognitionspsychologie und Kognitive Ergonomie der Technischen Universität Berlin, dass sie mich bei der Erstellung des Interviewleitfadens unterstützte und bei Herrn Prof. Thüring, für die angenehme Zusammenarbeit.

Ich danke weiterhin allen, die mich durch Vermittlungen in der Probandenakquise, durch direkte Teilnahme am Telefoninterview oder anderweitig unterstützt haben. Allem voran Jasmin Rück, Dori Rück, Matthias Ritz, Max Reibert, Verena Jeske, Dominic Lindner, Jil Klünder und Helge Fahlbusch.

Inhaltsverzeichnis

Abbildungsverzeichnis

Anhänge

1. Einleitung

Die Entwicklung der IT-Technik führte vor allem in den Anfängen der Softwareentwicklung auch zu einer steigenden Komplexität von Softwareprojekten, bei denen die notgedrungene Verwendung der bisher bekannten aber ungeeigneten Vorgehensmodelle zur sogenannten *Softwarekrise* führte (Mcllroy, Buxton, Naur, & Randell, 1968). Das Ergebnis waren weitgehend unbrauchbare Ergebnisse und unzufriedene Beteiligte (vgl. Jarzombek, 1999). Denn in der Praxis bewegten sich die Softwareprojekte zunehmend im sogenannten komplexen Bereich (Goll, 2015). Dieser Bereich ist dadurch gekennzeichnet, dass die Anforderungen an ein System als auch die Technologien zur Umsetzung nicht klar definiert sind (Stacey, 1996). Unter solchen Umständen funktionieren bisherige Modelle nur bedingt (Dybå, 2000), weswegen die Einführung sogenannter agiler Methoden Abhilfe versprach. Im Jahr 2001 wurden diese agilen Methoden in Form von Werten und Prinzipien über das agile Manifest durch Beck et al. (2001) formuliert. Agile Softwareentwicklung wurde als Lösung bisheriger Probleme der Softwaretechnik und damit als Ausweg aus der Software Krise propagiert, weswegen viele Unternehmen ihre Entwicklung mit traditionellen Modellen auf eine agile Entwicklung umstellten (vgl. West, Grant, Gerush, & D'silva, 2010; Porrawatpreyakorn, 2013).

Jedoch erschwert die unterschiedliche Vorstellung der Begriffe *agil*, *Agilität* und *agile Softwareentwicklung* die Einführung und den Einsatz agiler Methoden ungemein (Laanti, Similä, & Abrahamsson, 2013). Nach Analyse mehrerer Definitionen wird schnell klar, „wie diffus der Begriff der Agilität in der Softwareentwicklung ist" (Halamzie, 2013, S.15). Es existieren zwar Definitionen, aber auch Dern (2011) berichtet, dass Recherchen zur Definition agiler IT-Systeme keine eindeutige und allgemein akzeptierte Definition erbrachten. Jedoch sind agile IT-Systeme nicht gleichzusetzen mit einer agilen Softwareentwicklung. Agilität kann schließlich im Kontext vieler Unternehmensbereiche betrachtet werden. So hat jedes Unternehmen einen bestimmten Grad an Agilität, der abhängig von der Unternehmensstruktur, den Mitarbeitern, der Arbeitsorganisation und vielen weiteren Faktoren ist (Tsourveloudis & Valavanis, 2002). In dieser Arbeit liegt das Augenmerk auf Agilität im Kontext der Softwareentwicklung, welche jedoch ausgehend von der Softwareentwicklung unternehmensweite Auswirkungen haben kann.

Dabei ist zu beachten, dass die agile Softwareentwicklung lediglich ein grundsätzliches Vorgehensmodell neben vielen weiteren darstellt (vgl. Chroust, 1992), chronologisch oft unvollständig beschrieben mit dem Phasenmodell über das Spiralmodell hin zur aktuellen agilen Entwicklung (vgl. Broy, & Kuhrmann, 2013; Herzog, 2015). In vielen Publikationen werden Modelle, die vor der agilen Softwareentwicklung existierten, auch als traditionelle oder plan-basierte Modelle zusammengefasst (vgl. Theocharis, Kuhrmann, Münch, & Diebold, 2015). Viele Modelle der Softwareentwicklung überschneiden sich zumindest teilweise (Broy, & Kuhrmann, 2013), da sie meist basierend auf bisher Bestehenden entwickelt wurden, mit dem Ziel, die Probleme der Vorgänger zu beheben (Herzog, 2015). So überrascht es kaum, dass z.B. iterative und inkrementelle Ansätze in nahezu jeder agilen Methode vorkommen. Problematisch ist dabei, dass diese Ansätze selten den traditionellen Vorgehensmodellen zugeordnet, sondern oft als Alleinstellungsmerkmal agiler Softwareentwicklung aufgeführt werden. Iterative und inkrementelle Ansätze stellen zunächst das Hauptmerkmal des Spiralmodells dar (vgl. Boehm, 1988; Broy, & Kuhrmann, 2013), sind allein genommen sogar ein eigenständiges Vorgehensmodell und in der Praxis lediglich ein Bestandteil agiler Methoden (vgl. West, Gilpin, Grant, & Anderson, 2011; Theocharis et al., 2015).

Diese Verwendung von ähnlichen und gleichen Ansätzen über die Modelle hinweg, trägt zu einer Unübersichtlichkeit bei, die das Verständnis und eine Definition agiler Softwareentwicklung erschweren. Das hat zur Folge, dass viele Publikationen eine entsprechende Definition agiler Softwareentwicklung vermeiden, diese stattdessen umschreiben oder eigene Definitionen aufstellen. Folglich sind Unternehmen als Anwender agiler Methoden verunsichert, was sich unter anderem darin äußert, dass sie in Umfragen angeben, sie würden agil entwickeln, obwohl häufig eine Mischform aus verschiedenen Modellen und deren Methoden die Praxis ist (West, Gilpin, Grant, & Anderson, 2011; Kuhrmann et al., 2018). So setzen nach Befragungen von VersionOne (2016) 95 % der Unternehmen agile Prozesse ein, wo hingehen nur 38 % der Unternehmen nach einer Befragung von PMI (2015) agile Prozesse nutzen. Ein weiteres Anzeichen dieser Verunsicherung ist die Tatsache, dass ca. 12 % aller agilen Projekte laut einer Umfrage von *6point6* endgültig scheitern (Porter, 2017) und nach einer Langzeitstudie der Standish Group International (2016) sogar 19 %. Als einer der Gründe wird mangelnde Erfahrung mit agilen Methoden angeführt (VersionOne, 2016). Dennoch werden agile Methoden eingesetzt, obwohl sie sich nur in bestimmten Fällen eignen (vgl. Stacey, 1996). Friedrichsen und Johann (2012) beschreiben den Einsatz konkret für überschaubare Projekte mit nur einem Jahr Laufzeit und Teamgrößen von maximal sieben Mitarbeitern.

Auf der einen Seite wird also sehr viel über den Einsatz agiler Methoden, deren Erfolgsfaktoren, sowie über mögliche Hindernisse und Barrieren debattiert. Auf der anderen Seite scheint aber die Grundlage noch unklar zu sein, wie die agile Softwareentwicklung definiert wird und wie sie sich von anderen Vorgehensmodellen im Kern unterscheidet. Eine einheitliche und allgemein akzeptierte Definition würde die Forschung unterstützen und ein besseres Verständnis für den Einsatz agiler Methoden in der Praxis schaffen. Deshalb ist es das Ziel dieser Arbeit eine einheitliche Arbeitsdefinition zu erarbeiten und vorzuschlagen.

Dazu sollen die charakteristischen Merkmale der bekanntesten Vorgehensmodelle im Rahmen einer umfassenden Literaturrecherche und -analyse erarbeitet und gegenübergestellt werden. Mittels dieser Merkmale soll eine möglichst trennscharfe Abgrenzung zur agilen Softwareentwicklung erreicht werden, die gleichsam dessen Alleinstellungsmerkmale hervorheben sollen. Die charaktcristischen Merkmale der agilen Softwareentwicklung werden im Rahmen einer weiteren Literaturanalyse identifiziert, um die Bildung einer rein literaturbasierten Arbeitsdefinition zu unterstützen.

Zusätzliche dazu werden Unternehmenskontakte über Interviews befragt, um Merkmale agiler Softwareentwicklung aus einer praxisnahen Perspektive zu erfassen. Diese Merkmale bilden eine weitere eigenständige, aus der Praxis abgeleitete Arbeitsdefinition, die anschließend mit der literaturbasierten Arbeitsdefinition verglichen wird, um Unterschiede im Verständnis zu identifizieren.

Im letzten Schritt bilden die Merkmale aus den Literaturanalysen zusammen mit denen aus den Interviews die finale Arbeitsdefinition. Dafür werden alle identifizierten Merkmale und die gefundenen Unterschiede zwischen der literaturbasierten und praxisbasierten Arbeitsdefinition diskutiert.

2. Theoretischer Hintergrund

Die Entwicklung von Software benötigt ein gut organisiertes und strukturiertes Vorgehen. Die Softwareentwicklung ist dabei ein Teilgebiet der Softwaretechnik, die im Ganzen die „zielorientierte Bereitstellung und systematische Verwendung von Prinzipien, Methoden und Werkzeugen für die arbeitsteilige, ingenieurmäßige Entwicklung und Anwendung von umfangreichen Softwaresystemen" (Balzert, 2000, S. 36) darstellt. Die Softwaretechnik bedient sich bei der Organisierung von IT-Projekten bestimmter Vorgehensmodelle, die aus der Softwareentwicklung heraus entstanden sind (Broy & Kuhrmann, 2013). Zu diesen Vorgehensmodellen gehört auch die agile Softwareentwicklung.

Die Entwicklung verschiedener Vorgehensmodelle war historisch stark durch den praktischen Grund getrieben, der stets zugenommenen Komplexität neuerer IT-Projekte begegnen zu können (vgl. Dybå, 2000; Larman & Basili, 2003). Appelo (2011) betont daher, dass die agile Softwareentwicklung ihren Ursprung aus den Komplexitäts-Theorien hat. Effektive Ansätze, die mit neuen Vorgehensmodellen vorgestellt wurden, bildeten oft die Basis für darauffolgende Modelle. Da die agile Softwareentwicklung erst nach vielen anderen Vorgehensmodellen entstand, kann davon ausgegangen werden, dass manche Ansätze von vorherigen Vorgehensmodellen übernommen wurden. Deshalb wird zunächst erläutert, was unter der Komplexität von IT-Projekten zu verstehen ist, bevor anschließend auf die Vorgehensmodelle eingegangen wird, die vor der agilen Softwareentwicklung veröffentlicht wurden. Diese nähere Betrachtung der Vorgehensmodelle ist auch notwendig, um die agile Softwareentwicklung von den anderen Modellen abgrenzen zu können.

Im Anschluss daran wird erläutert, was in der Literatur als agile Softwareentwicklung beschrieben wird und welche Methoden und Praktiken diesem Modell zugeordnet werden.

2.1. Komplexität von IT-Projekten

Die Entwicklung der IT-Technik führte vor allem in den Anfängen der Softwareentwicklung auch zu einer steigenden Komplexität von Softwareprojekten. Dies beschrieb Edsger Dijkstra nach den 70er Jahren: *„when we had a few weak computers, programming became a mild problem, and now we have gigantic computers, programming has become an equally gigantic problem."* (Dijkstra, 1972, S.20). Da die bisherigen Projekte mit vorhandenen Vorgehensmodellen erfolgreich bearbeitet werden konnten, gab es zunächst keine adäquaten Vorgehensmodelle für die immer häufiger gewordenen IT-Projekte höherer Komplexität. In der Praxis führte dies zu der notgedrungenen Verwendung der bisher bekannten aber ungeeigneten Vorgehensmodelle, was zur Folge hatte, dass sehr viele IT-Projekte scheiterten (vgl.

Jarzombek, 1999). Dieses Phänomen trat Mitte der 70er Jahre auf und wurde als *Softwarekrise* bezeichnet (Mcllroy, Buxton, Naur, & Randell, 1968).

Die steigende Komplexität bewegte die Softwareentwicklung letztendlich dazu, adäquate Vorgehensmodelle zu entwickeln. Mittlerweile stehen der Softwareentwicklung zahlreiche Vorgehensmodelle zur Verfügung, die sich je nach Komplexität des Projektes mehr oder weniger eignen. Es existiert also kein universelles Vorgehensmodell (Sommerville, 2015), welches alle Komplexitätsstufen abdeckt. Allerdings kann die Identifikation der Komplexität dazu genutzt werden, ein passendes Vorgehensmodell für ein bestimmtes Projekt zu finden. Die Verwendung ungeeigneter Modelle kann andernfalls zum Scheitern von Projekten führen (vgl. Jarzombek, 1999; Porter, 2017). Deshalb ist es ratsam, die Komplexität vorher abzuschätzen, was über Instrumente, wie der Complexity-Matrix von Stacey (1996), möglich ist. Die Komplexität eines IT-Projektes wird dabei maßgeblich durch die Beschreibung der Anforderungen und die einzusetzende Technologie mitbestimmt (vgl. Stacey, 1997). Basierend darauf hat Stacey (1997) die Complexity-Matrix als ein Instrument entwickelt, um die Komplexität eines IT-Projektes mit einer Matrix ungefähr bestimmen zu können. Zimmerman (2001) hat diese Matrix aufgegriffen und in die vier Bereiche einfach, kompliziert, komplex und chaotisch eingeteilt. Die Aufteilung in die vier Bereiche ist dabei nicht exakt gekennzeichnet, da sie auf Beschreibungen von Stacey (1997) beruhen, der IT-Projekte in sieben verschiedene Komplexitätsstufen einteilte, welche wiederum entlang der Diagonalen der Matrix durch Zimmerman (2001) eingezeichnet wurden. Die Complexity-Matrix ist in

Abbildung *1* dargestellt und bildet sich aus dem Bekanntheitsgrad der Anforderungen auf der Ordinatenachse und dem Bekanntheitsgrad der einzusetzenden Technologie auf der Abszissenachse.

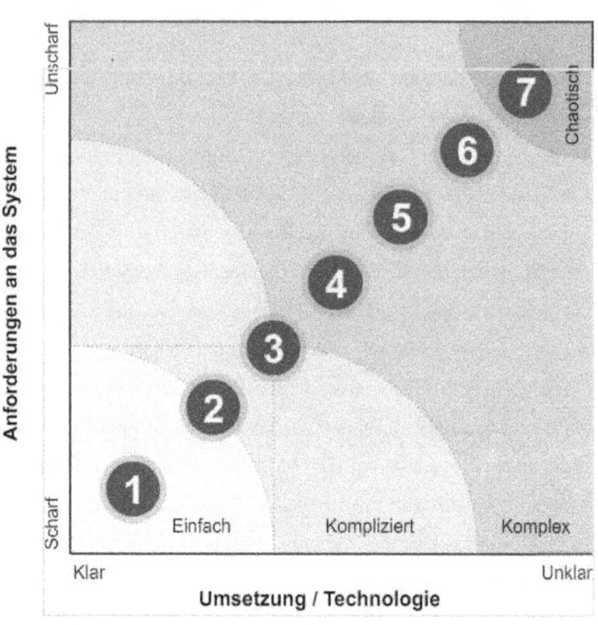

Abbildung 1: Complexity-Matrix, eigene Abbildung nach Zimmerman (2001) basierend auf Stacey (1996).

In der ersten Komplexitätsstufe beschreibt Stacey Projekte, in denen sämtliche Anforderungen klar definiert sind. Das Vorgehen ist sehr strukturiert, direkt und das Ergebnis ist deshalb vorhersehbar. Diese Stufe definiert den einfachen Bereich nach Zimmerman (2001), da eine sehr geringe Komplexität vorliegt. Die zweite Stufe stützt sich ebenfalls auf ein strukturiert geplantes Vorgehen, wobei für manche Variablen eingeplant wird, dass sich diese ändern dürfen. Aufgrund der leicht erhöhten Unsicherheit befindet sich diese Stufe an der Schwelle zum komplizierten, aber noch im einfachen Bereich, da sämtliche Änderungen absehbar sind und eingeplant werden können.

Der komplizierte Bereich definiert sich durch Vorhersehbarkeit trotz gewisser Unklarheiten bezüglich der Anforderungen und Technologien (Cohn, 2010). In der Praxis werden diese Unsicherheiten eingeplant. Dabei steht der Großteil dennoch fest, aber einfache Änderungen, wie z.B. die Farbe von Bedienelementen, bleiben für Anpassungen variabel. Die dritte Stufe zeichnet sich durch einen Austausch von Informationen im Sinne eines Lernprozesses aus, um Probleme lösen zu können, die unklar definierten Anforderungen oder auftretenden technologischen Problemen entsprungen sind. Diese Stufe stellt deshalb den Übergang zum komplexen Bereich dar, in dem laufend Lösungen gefunden werden müssen.

Nach Goll (2015) bewegt sich die Mehrheit der IT-Projekte aber im komplexen Bereich, der von Highsmith und Highsmith (2002) auch als *chaordisch* bezeichnet wird, einer harmonischen Koexistenz von Chaos und Ordnung, in der ähnliche kollaborative Werte und Prinzipien geteilt werden, die eine grobe Ordnung ermöglichen und dadurch gleichzeitig ein positives Chaos aufrechterhalten. Dies macht eine adaptive Projektdurchführung notwendig, bei der sich das Projekt letztendlich über die Laufzeit entwickelt (Cohn, 2010).

Projekte der vierten Stufte begegnen den Umständen bzw. Problemen des komplexen Bereiches durch die Einbeziehung von Stakeholdern, hauptsächlich des Auftraggebers, für regelmäßiges Feedback im Rahmen eines Lösungsfindungsprozesses. Die fünfte Stufe geht einen Schritt weiter und bindet die Stakeholder aktiv in den gesamten Entwicklungsprozess ein. Dafür müssen weitere Teile strukturierter Prozesse aufgegeben werden, da aufgrund überwiegend unbekannter Anforderungen und Technologien händeringend um Lösungen gesucht wird, was eine aktive Mitarbeit mit kurzen Entscheidungswegen fordert. Projekte der sechsten Stufe bemühen sich nicht um eine endgültige Lösungsfindung, da sich deren Anforderungen laufend ändern. Beispiele stellen Projekte im Bereich des Aktienhandels dar. Diese Projekte haben lediglich zum Ziel, das zugrundeliegende System besser zu verstehen.

Die letzte Stufe befindet sich im chaotischen Bereich, in welchem nahezu alle Anforderungen und Technologien unbekannt sind. Strukturierte Vorgehensweisen helfen in diesem Bereich nicht weiter. Regeln und Vorschriften sind gar hinderlich, weswegen das Vorgehen von Boehm (2002) als *Hacking* bezeichnet wird. Das Ziel solcher Projekte liegt darin, Handlungsvorschläge zu generieren, indem Arbeitsmuster ausfindig gemacht werden, die letztendlich das Chaos beseitigen und Struktur schaffen sollen.

Zu den vier Bereichen wurden in den vergangenen Jahrzehnten Vorgehensmodelle entwickelt, um entsprechende Projekte bewältigen zu können. Im Folgenden wird erklärt, was unter einem Vorgehensmodell zu verstehen ist und welche Vorgehensmodelle über die Zeit entstanden sind. Dies soll dabei helfen, die Kernidee agiler Softwareentwicklung zu erfassen.

2.2. Vorgehensmodelle

Vorgehensmodelle sind grundlegende Kategorien für bestimmte Prinzipien, Frameworks und Methoden, welche wiederum die genaue Vorgehensweise mittels Vorgaben und Regeln bestimmen (vgl. Balzert, 2000; Gnatz, 2005; Kuhrmann, 2008). Abbildung 2 visualisiert diese Zusammenhänge.

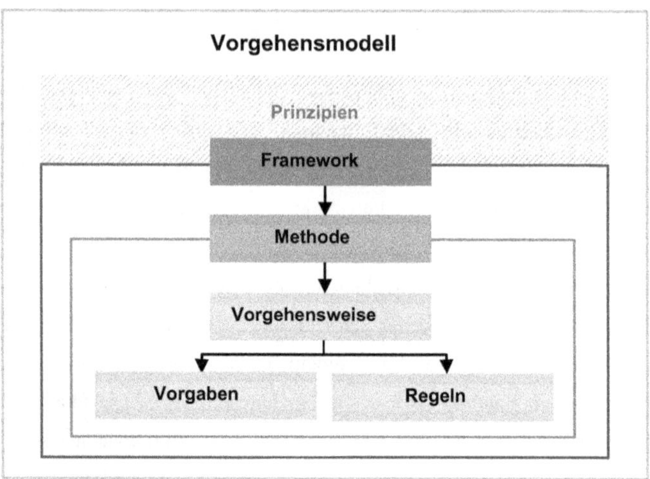

Abbildung 2: Zusammenhang von Vorgehensmodellen, Framework, Methoden und Vorgehensweisen, eigene Darstellung nach Balzert (2000), Gnatz (2005) und Kuhrmann (2008).

Die bekanntesten Vorgehensmodelle sind das *Sequenzielle-* bzw. *Phasenmodell, Spiralmodell* und die *agile Entwicklung* (vgl. Broy, & Kuhrmann, 2013). Diese Auflistung wird durch das *V-Modell,* die *inkrementelle Softwareentwicklung, iterative Softwareentwicklung,* die *evolutionäre Entwicklung* und *Cleanroom Softwareentwicklung* weitestgehend vervollständigt (vgl. Larman & Basili, 2003). Ob alle diese Vorgehensmodelle auch eigenständige Modelle darstellen, ist allerdings umstritten. Das liegt zum Teil daran, dass manche Vorgehensmodelle, wie die iterative Softwareentwicklung, komplett in anderen Vorgehensmodellen vorkommen können und das wirft wiederum die Frage auf, ob ähnliche Modelle nur eine Weiterentwicklung oder aber ein eigenständiges Modell darstellen (Larman & Basili, 2003).

In jedem Fall geben die Vorgehensmodelle bestimmte Werte und Prinzipien vor, denen die Frameworks und Methoden folgen sollen, damit die Kernidee des Modells auf die Softwareentwicklung übertragen werden kann.

Frameworks

Die Werte und Prinzipien definieren das grobe Konstrukt in Form eines Vorgehensmodells und stellen bereichsweise konkrete Anforderungen an die Softwareentwicklung. Ein Framework bildet sprichwörtlich den Rahmen der Softwareentwicklung und befindet sich hierarchisch gesehen innerhalb eines Vorgehensmodells, aber noch über den konkreteren Methoden. In der Literatur werden Vorgehensmodell, Framework und Methode sehr häufig synonym verwendet, was unter anderem der Verwirrung um den Begriff agiler Softwareentwicklung zusätzliche

Dynamik verleiht. Anthony Draffin beschreibt diesen Umstand so: *"It is shocking that intelligent, well educated people don't know the difference between a framework and a methodology. It's also shocking that prominent and respected organizations display this same ignorance. Who cares? Is this a semantic argument? No, this isn't a semantic argument and the difference between the two is an important distinction. It's important because a framework allows you to be loose and flexible; to have 'poetic license'. A methodology is much more prescriptive. Both can be handy at different times."* (Draffin, 2010).

Ein Framework kann die Art und Weise der Softwareentwicklung bereits sehr stark vorgeben, weswegen Framework und Methode oft nicht zeitgleich verwendet werden bzw. nur der Einsatz sehr bestimmter Methoden in Kombination mit einem Framework möglich ist. Das entweder ein Framework oder eine Methode angetroffen wird, ist sicherlich der Grund für deren oft fälschliche synonyme Verwendung. Ein wichtiger Unterschied zu einer Methode besteht darin, dass ein Framework den Spielraum für die Umsetzung der Bedingungen lässt. Ein Framework ist dabei lediglich eine logische Struktur für die Klassifizierung und Organisation komplexer Informationen. Beispielweise schreibt die agile Softwareentwicklung als Vorgehensmodell mittels Prinzipien und Werten vor, das eine regelmäßige Auslieferung von Software erfolgen sollte. Das agile Framework *Scrum* greift diese Vorgabe auf und schreibt vor, dies mittels kurzer Iterationen umzusetzen, die innerhalb des Scrum-eigenen Vokabulars *Sprints* genannt werden. Wie lange diese Iterationen aber sein können, wird als Handlungsspielraum offen gelassen, was in einer entsprechenden Methode hingegen definiert sein könnte.

Methoden

Methoden gehen also einen Schritt weiter und stellen eine konkretere Vorstellung eines Vorgehensmodells bzw. eines Frameworks dar, weil sie dieses für die praktische Anwendung übersetzen. Genauer gesagt ist eine Methode „*[...] eine spezifische und wiederholbare Vorgehensweise, bestehend aus Vorgaben und Regeln, die einen (nachweisbar erfolgversprechenden) Lösungsansatz für ein definiertes Problem beschreibt. Eine Methode strukturiert das Vorgehen (die Aktivitäten) in einem definierten Problembereich und gibt Hinweise zu den zu erstellenden Artefakten.*" (Bioy & Kuhrmann, 2013, S.86).

In der Softwareentwicklung entstehen die Methoden oft aus praktischen Gründen, unabhängig davon welchem Vorgehensmodell sie zugeordnet werden könnten. Die reine Klassifizierung der Arbeitsmethoden scheint für die Praxis anfangs zumindest keinen direkten Nutzen zu haben. Die Methoden werden dann meist retrospektiv von der Forschung oder

Literatur heraus einem der bisherigen Vorgehensmodelle zugeordnet. Wenn es nur eine Methode gibt, die nirgends zugeordnet werden kann, stellt diese ihr eigenes Vorgehensmodell dar. Dabei ist zu beachten, dass mehrere Methoden verschiedener Vorgehensmodelle auch kombiniert werden können, was als *Tailoring* oder *(Situational) Method Engineering* bezeichnet wird (Brinkkemper, 1996). Eine grundlegende Analyse der Methode ist für eine eindeutige Zuordnung daher unerlässlich.

Vorgehensweise – Phasen der Softwareentwicklung

Die Verwendung einer Methode bestimmt die Vorgehensweise maßgeblich. Diese beschreibt die Abfolge von bestimmten Projektphasen, die als *Software-Development-Life-Cycle* (SDLC) in einer bestimmten Reihenfolge definiert wurden. Im Standard-SDLC sind das die Phasen *Konzeption, Anforderungsanalyse, Entwurf* bzw. *Design, Implementierung, Überprüfung* und ggf. *Wartung* oder ähnliche Phasen, die ebenfalls der Prozessstruktur der internationalen Norm ISO/IEC 12207 folgen (Stoica, Ghilic-Micu, & Mircea, 2013). Welche Phasen ein Softwareprojekt durchläuft, ist dabei abhängig von der verwendeten Methode, wobei jede Methode den SDLC oder eine modifizierte Variante auf eine bestimmte Art und Weise einbezieht. Die genaue Analyse von Methoden verdeutlicht, dass selten alle Phasen für einen direkten Einsatz berücksichtigt bzw. abgedeckt werden (vgl. Abrahamsson, Salo, Ronkainen & Warsta, 2017).

2.2.1.   Historische Entwicklung der Softwareentwicklung

Die agile Softwareentwicklung entstand erst nach vielen anderen Vorgehensmodellen. Es kann daher nicht ausgeschlossen werden, dass die agile Entwicklung auch einige Ansätze vorheriger Modelle übernommen hat. Literatur zur agilen Softwareentwicklung kann hingegen schnell den Anschein erwecken, dass es sich dabei um einen innovativen und fundamental neuen Ansatz der Softwareentwicklung handelt (vgl. Plattner, Meinel, & Weinberg, 2009), obwohl er historisch betrachtet starke Überschneidungen mit vorherigen Modellen aufweist. Viele der aufgegriffenen Ideen fanden schließlich bereits Jahrzehnte zuvor Verwendung in diversen Projekten (Larman & Basili, 2003). Um zu klären, wie sich die agile Softwareentwicklung entwickelt hat, folgt eine tiefergehende historische Aufarbeitung der vorangegangenen Vorgehensmodelle.

Im Folgenden werden die Vorgehensmodelle und deren Ansätze innerhalb ihrer Paradigmen näher erläutert, um zu klären, ob und in welcher Ausprägung diese Ansätze für die agile Softwareentwicklung übernommen wurden.

2.2.1.1. Sequentielle Softwareentwicklung

Die sequentielle Softwareentwicklung entstand aus der Idee heraus, die Entwicklung an bekannte Prozesse, wie der Fließbandfertigung aus der Produktion, anzulehnen. Schließlich gab es vorher noch kein formalisiert beschriebenes Vorgehen für die Entwicklung von Software, da Computer noch nicht weit verbreitet waren und so ermöglichten sequentielle Vorgehensmodelle erstmals die Standardisierung von Softwareentwicklungsprozessen durch eine detaillierte Planung (Boehm & Turner, 2003).

In diesen Anfängen wurde das *Nine-phase stage-wise-model*[1] von Benington im Rahmen eines Symposiums als das erste sequentielle Modell der Softwareentwicklung vorgestellt (Everett, Zraket, & Benington, 1957). Dieses Modell wurde direkt aus den Ingenieurwissenschaften adaptiert und folgt daher dem typischen sequenziellen Verlauf ohne Rückkopplungen, wie er z.B. aus der Produktion oder Konstruktion zu damaliger Zeit bekannt war (Benington, 1983). Nach Everett, Zraket und Benington (1956) sollte jede Phase des *Software Development Life Cycles* vollständig abgeschlossen sein, bevor die nächste Phase begonnen wird. Das Ergebnis jeder Phase ist dann durch Planung vorhersehbar. Entsprechend eignet sich das Phasenmodell gut für vorhersehbare IT-Projekte, in denen sämtliche Anforderungen bekannt sind und klar definiert werden können (Sommerville, 2015). Damit konnten einfache IT-Projekte bewältigt werden. Wenn die Anforderungen an das IT-Projekt jedoch unklarer werden, kann das Projekt nicht komplett zu Beginn geplant werden. Der sequentielle Verlauf erlaubt schließlich auch keine Korrekturen in der laufenden Entwicklung und so eignet sich das Phasenmodell nur für einfache, vorhersehbare IT-Projekte (Dybå, 2000).

Sicherlich ebenso von der Produktionsindustrie inspiriert, wurde die Teilefertigung bzw. inkrementelle Fertigung zeitnah nach Veröffentlichung des Phasenmodells auf die Softwareentwicklung übertragen.

2.2.1.2. Inkrementelle Softwareentwicklung

Die Grundidee inkrementeller Entwicklung liegt darin, ein Projekt in abgeschlossene kleinere Teile zu zerlegen, die jeweils einen eigenen kleinen *Software Development Life Cycle* vom Anfang bis zum Ende durchlaufen (Boehm, 1981). Das inkrementelle Modell[2] ist damit ein mehrfach angewandtes Phasenmodell (Pressman, 2005). In der genauen Definition ist die inkrementelle Entwicklung eine stufenweise festlegende Strategie, bei der verschiedene Teile

---

[1] Eine Abbildung des *Nine-phase stage-wise* Modells ist im Anhang A dargestellt.
[2] Eine Abbildung des inkrementellen Modells ist im Anhang Anhang A dargestellt.

des Systems zu unterschiedlichen Zeiten oder Raten entwickelt und integriert werden, sobald sie abgeschlossen sind (Cockburn, 2008).

Dieses Vorgehen ermöglicht ein paralleles Arbeiten und benötigt dafür wiederum eine flexible Softwarearchitektur, welche eine modulare Integration der Module bzw. Teilergebnisse zulässt. Diese Architektur muss wie ein Gerüst fungieren, was mit den Teilergebnissen ausgefüllt wird, bis es vollständig ist. Im Vergleich zum Phasenmodell können alle Ergebnisse schließlich nicht einfach aufeinander aufbauen, da diese parallel oder aber zu ganz unterschiedlichen Zeiten integriert werden. Die inkrementelle Entwicklung setzt jedoch auch auf weitgehend bekannte Anforderungen, da die Teile des Systems, also die Inkremente, vorher geplant werden müssen, um eben diese passende Architektur zu schaffen. So gilt für die inkrementelle Entwicklung, dass für die Verwendung eines solchen modularisierten top-down-Ansatzes die Probleme und deren Lösungen von Beginn an bekannt sein müssen (Basili & Turner, 1975).

Kleinere Anforderungsänderungen können aber innerhalb der Inkremente berücksichtigt werden. Ebenso könnte die Software nach jeder Integration eines Inkrements ausgeliefert werden, die dann, wenn auch eingeschränkt, bereits frühzeitig eingesetzt werden kann. Das inkrementelle Vorgehensmodell ist allein genommen allerdings noch keine Lösung für IT-Projekte höherer Komplexitätsstufen. Das liegt daran, dass Änderungen, die nicht zu Beginn des Projektes absehbar und planbar sind, generell nur in nachfolgenden Generationen des Produktes berücksichtigt werden können, was schon von Shewhart und Deming (1939) in der Produktion erkannt wurde. Die inkrementelle Entwicklung bewegt sich hingegen innerhalb einer Produktgeneration und nicht darüber hinaus.

Mit der Zeit wurden die IT-Projekte größer, komplexer und die Entwicklung dauerte umso länger, teilweise mehrere Jahre (vgl. Dijkstra, 1972). In der Praxis bewegten sich die Softwareprojekte in den 70er Jahren zunehmend im sogenannten komplizierten und komplexen Bereich (Goll, 2015). Diese Bereiche sind dadurch gekennzeichnet, dass die Anforderungen an ein System als auch die Technologien zur Umsetzung zu Beginn des Projektes nicht klar definiert sind (Stacey, 1996), was das Phasen- bzw. Wasserfallmodell und das inkrementelle Entwicklungsmodell für entsprechend komplexere Projekte disqualifiziert. Änderungswünsche, die nach Anbruch der Entwicklung eingereicht wurden, konnten in der Entwicklung nicht mehr berücksichtigt werden. Die sequentiellen Vorgehensmodelle waren diesen hohen Anforderungen nicht gewachsen und deren notgedrungene Verwendung führte zu vielen unbrauchbaren Ergebnissen. Dieser Abschnitt der Softwareentwicklung wurde später als *Software-Krise* bezeichnet (McIlroy, Buxton, Naur, & Randell, 1968; Dijkstra, 1972).

Iterationen

In der Produktion wurden hingegen schon frühzeitig die Vorzüge eines sich wiederholenden Vorgehens erkannt (Shewhart & Deming, 1939). Die wiederholte Überarbeitung eines Produktes kommt einem evolutionären Vorgehen gleich, bei dem sich das Produkt über mehrere Generationen entwickelt und verbessert. Mit dem *Plan-do-study-act Zyklus* beschrieben Shewhart und Deming (1939) erstmals ein solches iteratives, sich widerholendes Vorgehen zur Verbesserung der Produktqualität für Produktionsprozesse. Royce (1970) betonte später, dass die Softwareentwicklung allgemein in mindestens zwei Iterationen ablaufen müsse. Die erste Iteration sollte ein "Pilot-Modell" hervorbringen, auf dessen Basis dann Feedback eingeholt werden kann. Für die Softwareentwicklung veröffentlichten Zurcher und Randell (1968) in den 70er Jahren zur Hochzeit der Softwarekrise dann das Grundgerüst eines iterativen Vorgehensmodells. Dieses Konzept sollte in den folgenden Jahren weiter ausgebaut werden und in den 90er Jahren letztendlich zur agilen Softwareentwicklung führen.

Die Iterationen hatten stets das Ziel, im Rahmen eines Lernprozesses Verbesserungen bzw. Änderungen anzustoßen, die das Produkt entsprechend verbessern. Mills (1976) fasste den Vorteil des iterativen Vorgehens damit zusammen, dass eine Möglichkeit geschaffen wurde, regelmäßig Feedback aus der realen Welt einzuholen, um zu lernen und damit Änderungswünschen begegnen zu können. Für das Feedback bietet es sich an, die Software nach jeder Iteration auszuliefern, damit der *Auftraggeber oder Nutzer*[3] die Software validieren kann. Insgesamt betrachtet findet dadurch eine laufende Verifikation statt, mit welcher sich die wahren Anforderungen herauskristallisieren (Mills, 1988). Dieser Lernprozess wurde in den Anfängen iterativer Softwareentwicklung nicht explizit beschrieben, aber dennoch von Beginn an praktiziert (vgl. O'Neill, 1983).

Diese frühe Entwicklungsstufe der Softwareentwicklung hatte mit Lernprozessen, Iterationen, mehreren Auslieferungen, Feedback, Verifikationen und Validierungen bereits in den 70er Jahren einen sehr starken Vorgeschmack von agiler Softwareentwicklung (Larman &

---

[3] Speziell zum Feedback wird in der Literatur nicht klar abgegrenzt, ob dies vom Auftraggeber oder von den Nutzern der Software eingeholt werden sollte, wobei Feedback von den Nutzern klar favorisiert wird (vgl. Mills, 1976). In der Praxis kommt es auf die genaue Situation an, in der sich das entwickelnde Unternehmen befindet. Stellt das entwickelnde Unternehmen auch den Auftraggeber dar, z.B. bei internen Projekten, dann kann Feedback meist direkt von den Nutzern eingeholt werden. Bei externen Auftraggebern sind die Nutzer jedoch nicht immer zugänglich, z.B. wenn dies die Mitarbeiter des Auftraggebers sind. In diesem Fall wird die Aufgabe, Feedback von den Nutzern einzuholen, häufig an den Auftraggeber übertragen, der das Feedback an die Entwicklung weiterleitet. In dieser Arbeit werden Auftraggeber und Nutzer im Zusammenhang mit Feedback so wiedergegeben, wie sie auch in den angegebenen Quellen verwendet werden. Die Begriffe sind jedoch synonym zu verstehen.

Basili, 2003), welche zunächst als iterative Softwareentwicklung veröffentlicht wurde (Zurcher & Randell, 1968).

2.2.1.3.   Iterative Softwareentwicklung

Definiert nach Cockburn (2008) ist die iterative Entwicklung[4] eine Strategie, bei der zeitlich terminiert ist, Teile des Systems bis zum gewünschten Ergebnis durch Überarbeitung zu verbessern. In der Softwareentwicklung werden die Phasen des *Software-Development-Life-Cycles* dafür einfach wiederholt. Das Ergebnis jedes Zyklus ist eine lauffähige Software, die sich über die nachfolgenden Iterationen bis zur angestrebten Funktionalität entwickelt (Basili & Turner, 1975).

Ein iteratives Vorgehen ermöglicht die flexible Erweiterung eines Produktes um neue Anforderungen oder aber die Änderung von bestehenden Funktionen über zukünftige Iterationen. Das Ergebnis jeder Iteration kann zudem eine lauffähige Software sein, die ausgeliefert und bereits frühzeitig eingesetzt werden kann. Das Produkt kann sich über mehrere Generationen entwickeln und benötigt daher nicht alle Anforderungen zu Beginn des Projektes. Lediglich die Anforderungen, die innerhalb einer Generation entwickelt werden sollen, müssen zum Beginn einer Iteration bekannt sein. Ein iteratives Vorgehen ist damit robust gegenüber Anforderungsänderungen, da diese in den nachfolgenden Generationen berücksichtigt werden können und ermöglicht dadurch erstmals die Bearbeitung von komplizierten IT-Projekten mit stellenweise unbekannten Anforderungen.

Bei komplexen IT-Projekten mit vielen unbekannten und häufig wechselnden Anforderungen kommt dieses Vorgehensmodell jedoch auch an seine Grenzen. Deshalb war Anfang der 80er Jahre generell das Bestreben zu beobachten, Techniken für die Bearbeitung komplexer IT-Projekte zu finden (vgl. Mills, 1974). Und da die schrittweise Annäherung in Form eines iterativen Vorgehens immer mehr Beachtung fand, wurde viel mit der Erweiterung bestehender Vorgehen um Iterationen experimentiert (vgl. Wirth, 1971). In dieser Zeit war in der Softwareentwicklung oft von *iterative enhancement*, also der iterativen Erweiterung, zu lesen (vgl. Basili & Turner, 1975).

2.2.1.4.   Iterativ-Inkrementelle Softwareentwicklung

Eine Erweiterung des inkrementellen Vorgehensmodells um Iterationen wurde erstmals von O'Neill (1983) als *„integration engineering"* beschrieben, der dieses Vorgehen für ein Projekt

---

[4] Eine Abbildung des iterativen Modells ist im Anhang Anhang A dargestellt.

bei IBM im Jahr 1972 nutzte. Diese Kombination verleiht der Softwareentwicklung eine sehr hohe Flexibilität und rüstet diese für komplizierte IT-Projekte, wie O'Neill (1983) rückblickend feststellte. Die Abgrenzung der iterativen von der inkrementellen Entwicklung ist dabei weiterhin wichtig, da es sich um zwei unterschiedliche Konzepte handelt, die sich sehr gut ergänzen, jedoch in Publikationen fälschlicherweise oft synonym verwendet oder verwechselt werden (Ludewig & Lichter, 2013).

Diese iterativ-inkrementelle Entwicklung [5] sieht vor, dass mehrere Inkremente eine Version bzw. einen funktionierenden Stand der Software ergeben, der in der kommenden Iteration über neue Inkremente erweitert wird. Das erlaubt Änderungen zu jeder Zeit der Entwicklung und nicht erst zum Ende einer Iteration oder gar erst nach Auslieferung der Software. Dringende Änderungen können als Inkrement innerhalb einer Iteration priorisiert abgearbeitet werden. Das Ergebnis jeder Iteration kann anschließend veröffentlicht werden oder in kürzeren Frequenzen sogar jedes abgeschlossene Inkrement innerhalb einer Iteration. Über die vielen Veröffentlichungen gelangt die Entwicklung noch schneller an Feedback und kann auf dessen Basis korrigieren oder erweitern.

Leichtgewichtige Bürokratie

Die hochfrequente Veröffentlichung von Software brachte aber auch Probleme mit sich. Die Bürokratie, speziell die ausgeprägte Planung zu Beginn und die Dokumentation, nahm rund um die Software stark zu, da jede Änderung am Programm allein schon eine Anpassung der Dokumentation nach sich zog (Kelly & Keenan, 2010). Diese schwergewichtige Bürokratie lähmte den Entwicklungsprozess, was Martin (1991, S. 128) mit dem Satz *"Bureaucracy is the enemy of speed"* zusammenfasste. Ebenso ist es schwer, alle Anforderungen korrekt und konsistent zu planen und zu dokumentieren, wenn das Projekt einer sich ständig ändernden Umgebung unterliegt (Zhang et al., 2010).

In der Folge setzten sich Praktiken durch, die dies über leichtgewichtige bürokratische Prozesse lösten. Die Leichtgewichtigkeit der Bürokratie bezieht sich aber keineswegs darauf, dass weniger dokumentiert und geplant wird (vgl. Broy & Kuhrmann, 2013). Die Prozesse mussten lediglich für die iterativ-inkrementelle Entwicklung optimiert werden, damit innerhalb einer Iteration weniger Aufwand anfiel oder sich dieser zumindest besser verteilt an den aktuellen Stand der Software orientierte.

---

[5] Eine Abbildung des iterativ-inkrementellen Modells ist im Anhang Anhang A dargestellt.

Evolutionäre Entwicklung

Die häufigen Auslieferungen stellen aber auch ein weiteres Problem der iterativ-inkrementellen Entwicklung dar. Die Frequenz der vielen Veröffentlichungen musste mit dem Auftraggeber abgeglichen werden, damit Zeit für Feedback eingeplant werden konnte und die Entwicklung in der Zwischenzeit nicht still stand. In der Praxis setzen sich daher gleichmäßig getaktete Auslieferungen durch, häufig in ein bis zwei wöchigen Intervallen, die von allen Beteiligten eingeplant werden konnten (vgl. Ambler, 2002b).

Diese regelmäßigen Auslieferungen führten zu Feedback, welches wiederum die Evolution der Software ermöglichte. Dadurch etablierte sich der Begriff der evolutionären Auslieferungen, auch deshalb, weil Gilb (1985) die iterativ-inkrementelle Entwicklung generell als evolutionäres Entwicklungsmodell vorstellte.

Seitdem werden eine enge Kommunikation, kontinuierliches Feedback mit Rückkopplungen und iterative Zyklen als Kernelemente eines guten Prozessdesigns betrachtet (vgl. Bazjanac, 1974). Wenig später betonte Mills (1976), dass Softwareentwicklung in inkrementellen Stufen stattfinden sollte, mit kontinuierlicher Nutzereinbindung und Neuplanungen in jeder dieser Stufen. Mit diesem Stand iterativ-inkrementeller Entwicklung konnte bereits ein Großteil der IT-Projekte bewältigt werden.

Die Verwendung sequentieller Modelle hielt jedoch weiterhin an. Royce (1970) griff das Phasenmodell von Benington auf, fasste es in fünf Stufen zusammen und präsentierte es als ein fehleranfälliges, risikobehaftetes und verbesserungswürdiges Beispielmodell, in der Form des Wasserfall-Modells, wie es die Softwareentwicklung heute kennt. Die Bezeichnung Wasserfall-Modell [6] wurde erstmals von Bell und Thayer (1976) gewählt, da das Modell von Royce (1970) kaskadenartig wie ein Wasserfall von Phase zu Phase fließt. Das *United States Department of Defense* legte dieses Modell dennoch als Standard 2167A für sämtliche Entwicklungen im Einflussbereich fest (vgl. Larman & Basili, 2003). Viele Unternehmen und Institutionen lösten sich ebenfalls nicht von der sequentiellen Entwicklung, mit der Folge, dass weiterhin viele IT-Projekte bis in die 90er Jahre überwiegend unbrauchbare Ergebnisse hervorbrachten (vgl. Jarzombek, 1999).

Parallel dazu beschäftigten sich einige Softwareingenieure bereits mit dem Feintuning iterativ-inkrementeller Softwareentwicklung, mit deren Einsatz große Institutionen wie IBM oder die NASA äußerst erfolgreich waren (vgl. Madden & Rone, 1984).

---

[6] Eine Abbildung des Wasserfall-Modells ist im Anhang Anhang A dargestellt.

Qualitätssicherung

Zu diesen Verbesserungen gehörte der Fokus auf Risiken und die damit verbundenen Testverfahren. Das 1979 veröffentlichte V-Modell von Boehm (1979) machte den Anfang und rückte die Qualitätssicherung in Form einer Validierung und Verifizierung der Ergebnisse unmittelbar in den Fokus der Softwareentwicklung. Dieses Modell markiert insofern einen Wendepunkt in der Softwareentwicklung, da der vorherige Fokus von der Effektivität zur Effizienz wechselte. Schließlich war die Komplexität der IT-Projekte zu diesem Zeitpunkt kein großes Hindernis mehr für die iterativ-inkrementelle Entwicklung, die Ergebnisse und Prozesse konnten hingegen weiter optimiert werden. Dokumentierte Projekte, wie das Projekt Mercury der NASA, zeigen jedoch auch, dass Praktiken der Qualitätssicherung in Form einer testgetriebenen Entwicklung bereits in den 60er Jahren angewandt wurden (Larman & Basili, 2003) – eine Praktik, die die Softwareentwicklung erst 2003 wiederentdeckte (Tacker, 2017).

Zur Verifikation und Validierung wurden bis zum V-Modell [7] keine Modelle veröffentlicht, die objektive Prüfverfahren als festen Bestandteil der Softwareentwicklung integrierten. Das V-Modell setzt den Phasen der Anforderungsanalyse, der Anforderung und Architektur und dem detaillierten Design der Software jeweils eine Phase gegenüber mit welcher der Inhalt verifiziert und validiert werden soll (vgl. Dröschel & Wiemers, 2015). Cockburn (2008) beschreibt die Validierung des V-Modells als eine Tatsache des Lebens, denn in der Realität muss sich die entwickelte Software auch mit den tatsächlichen Anforderungen messen. Es sei demnach sinnvoll, in der Softwareentwicklung eine laufende Überprüfung zu integrieren.

Wenige Jahre nach dem V-Modell stellte Mills (1993) gegen 1981 das Cleanroom-Vorgehensmodell[8] vor, welches auch ein evolutionäres Vorgehen beschreibt (vgl. Linger & Trammell, 1996; Dyer & Mills, 1983). In der Definition ist die Cleanroom Softwareentwicklung ein Theorie-basierter, Team-orientierter Prozess zur Entwicklung und Zertifizierung von Softwaresystemen mit hoher Reliabilität unter statistischer Qualitätskontrolle (Mills, 1992; Linger, 1993; Linger, 1994). Die statistische Zertifizierung ist zu der Zeit ein neuer Ansatz. Cleanroom betrachtet den Softwaretest als statistisches Experiment, um letztendlich die Reliabilität der Software berechnen zu können. Damit sticht Cleanroom als ein sehr mathematisches Modell hervor, welches den Vorteil bietet, die Zuverlässigkeit der Softwarefunktionalität über die Reliabilität ausdrücken zu können. Mit

---

[7] Eine Abbildung des V-Modells ist im Anhang A dargestellt.
[8] Eine Abbildung des Cleanroom-Modells ist im Anhang Anhang A dargestellt.

diesem Vorgehensmodell rückte aber auch ein neuer Aspekt guter Softwareentwicklung weiter in den Fokus: Die Zufriedenheit der Entwickler. Untersuchungen von Sherer, Kouchakdjian und Arnold (1996) ergaben, dass die Zufriedenheit der Entwickler aufgrund verbesserter Kommunikation, Koordination und der dadurch entstehenden gemeinsamen Vision durch das Cleanroom-Vorgehensmodell erhöht wurde. Durch die höhere Zufriedenheit soll letztendlich qualitativ hochwertige und zuverlässige Software produziert werden.

Swartout und Balzer (1982) erklärten später zum V-Modell, dass die Phase der Anforderungsanalyse mit der des Designs in starker Wechselwirkung steht. Vor diesem Hintergrund schlagen auch sie generell eine Validierung über einen iterativen und evolutionären Ansatz vor, um die wahren Anforderungen besser zu erfassen. Daraufhin folgte von Boehm (1988) 1985 das iterativ-inkrementelle Spiralmodell [9], was zunächst Prototypen zur Unterstützung der Anforderungsanalyse erstellt. Diese Prototypen können zur reinen Demonstration des Designs erstellt und verworfen oder aber funktional bis zum fertigen Produkt ausgebaut werden (vgl. Ketabchi, 1988; Crinnion, 1992). Das Spiralmodell ist wie Cleanroom auch risikofokussiert, zieht aber Risiken direkt als zentralen Maßstab des Projektfortschritts heran. Zu Beginn einer jeden Iteration werden sämtliche mögliche Risiken identifiziert und bewertet, sodass zunächst immer das größte Risiko beseitigt werden kann. Das Projekt gilt als gescheitert, wenn die Risiken nicht beseitigt werden konnten und gegenteilig als abgeschlossen, wenn alle Risiken beseitigt wurden. Diese sogenannte Risiko-getriebe Entwicklung soll letztendlich das Risiko verringern, bei großen Projekten zu scheitern (Boehm & Hansen, 2000).

Übergang zur agilen Softwareentwicklung

Curtis, Krasner, Shen und Iscoe (1987) erklärten zwei Jahre später, dass eine erfolgreiche Softwareentwicklung einen zyklischen Lernprozess beinhalten muss, mit einer hohen Aufmerksamkeit auf die Fähigkeiten der Mitarbeiter und deren Kommunikation, sowie einer gemeinsamen Vision. Vielfach wird betont, dass die Entwicklung großer Softwaresysteme als ein Lern- und Kommunikationsprozess betrachtet werden muss. Dieser Stand iterativ-inkrementeller Entwicklung beinhaltete schon sehr viele Ansätze, die auch eine agile Softwareentwicklung ausmachen. Es ist also kein Zufall, dass dieser Zeitraum auch die erste Methode hervorbrachte, die später rückwirkend der agilen Softwareentwicklung zugeschrieben

---

[9] Eine Abbildung des Spiralmodells ist im Anhang Anhang A dargestellt.

wurde – Scrum, mit der auch die Idee selbstorganisierender Teams eingeführt wurde (Takeuchi, & Nonaka, 1986).

Zusammenfassung

Die ersten Vorgehensmodelle wurden vorgestellt, um den noch einfachen Prozess der Softwareentwicklung formalisiert beschreiben und ordnen zu können. Die weitere Entwicklung fand jedoch aus der Notwendigkeit heraus statt, mit der steigenden Komplexität von IT-Projekten schritthalten zu können. An der historischen Entwicklung ist sehr gut erkennbar, dass die Softwareentwicklung dabei zunächst einen starken Fokus auf Effektivität hat. Über die Zeit entstanden viele neue Ideen und Ansätze dafür, wie der Prozess der Softwareentwicklung hinsichtlich Effizienz und Effektivität verbessert werden könnte. Diese Ansätze markieren neben den grundsätzlichen Modellen historische Meilensteine, da sie zu Verbesserungen oder zu neuen konkreten Vorgehensmodellen bzw. Methoden geführt haben. Abbildung 3 stellt die wichtigsten Meilensteine und Ansätze auf der Zeitachse dar. Diese Zeitpunkte markieren überwiegend die ersten Nennungen dieser Ansätze in Publikationen. Es ist jedoch ebenfalls bekannt, dass viele Ansätze in der Produktion oder im Rahmen von IT-Projekten bereits deutlich früher verwendet und nur nicht explizit z.B. als konkrete Vorgehensmodelle veröffentlicht wurden. Ein Beispiel stellt die iterative Entwicklung dar, die bereits in den 30er Jahren von Shewhart und Deming (1939) als *Plan-do-study-act* Zyklus zur Verbesserung der Qualitätskontrolle in Produktionslinien vorgeschlagen wurde. Diese Ansätze fanden lediglich Jahrzehnte später ihren Einzug in die Softwareentwicklung (vgl. Gilb, 1976; Zultner, 1988).

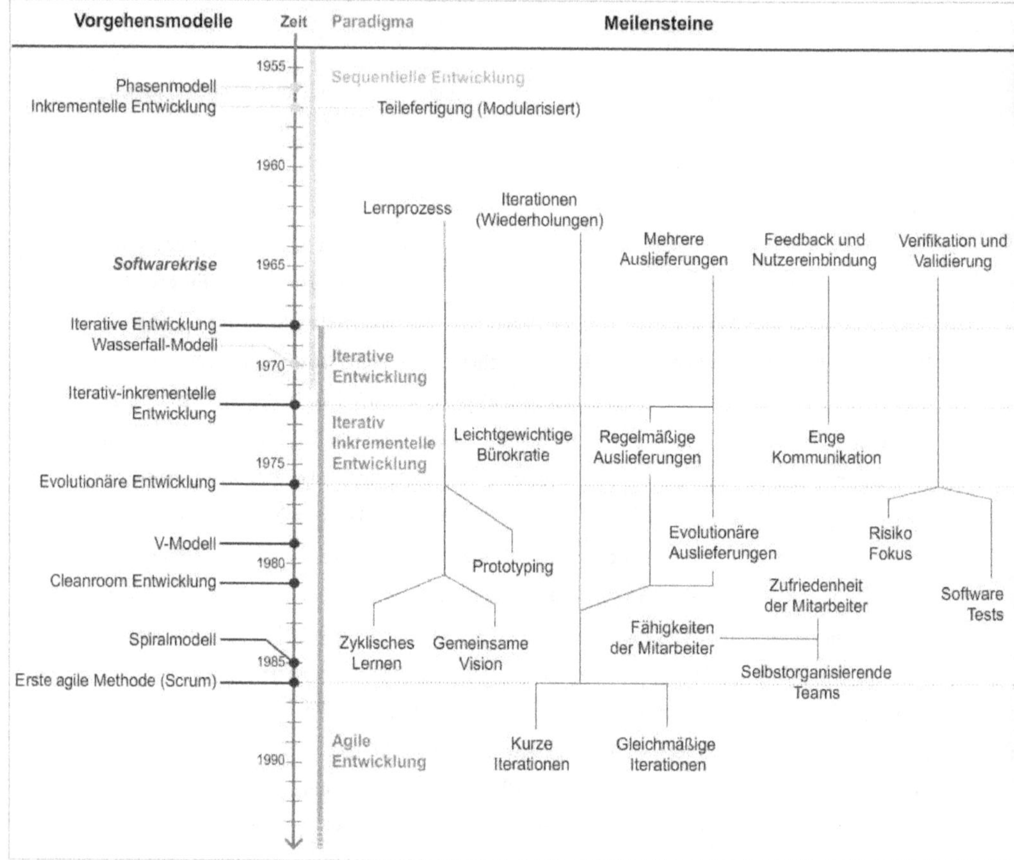

Abbildung 3: Historische Entwicklung der Softwareentwicklung von 1955 bis 1990, eigene Darstellung.

Abbildung 3 verdeutlicht ebenfalls, dass viele Ansätze bereits vor der agilen Softwareentwicklung in vorherigen Vorgehensmodellen verwendet wurden. Welche Ansätze von der agilen Softwareentwicklung letztendlich aufgegriffen wurden, wird im Rahmen des folgenden Abschnitts erläutert.

2.3.   Agile Softwareentwicklung

Unter dem Begriff *Agilität* ist zunächst nur Beweglichkeit bzw. Wendigkeit zu verstehen (Duden Online, o.J.). Diese Beweglichkeit kann auf einzelne Unternehmensbereiche oder gar auf das gesamte Unternehmen übertragen werden. Jedes Unternehmen hat einen bestimmten Grad an Agilität, der abhängig von der Unternehmensstruktur, den Mitarbeitern, der Arbeitsorganisation und vielen weiteren Faktoren ist (Tsourveloudis & Valavanis, 2002). Agilität stellt dabei eine Wertedimension dar. Übertragen auf die Softwareentwicklung soll der Begriff auf einen sehr flexiblen Entwicklungsprozess deuten. Agilität sollte nach Aulinger

(2017) aber nicht mit Flexibilität gleichgesetzt werden, da eine ausgewogene Flexibilität, zusammen mit dem richtigen Maß an Stabilität, nur einen Aspekt einer agilen Organisation darstellt. Lindner, Ott und Leyh (2017), kamen im selben Jahr hingegen noch zu dem Schluss, dass die Begriffe Agilität, Flexibilität, Anpassung und Dynamik in der Literatur allzu oft synonym verwendet werden und eine Abgrenzung im Kontext der agilen Softwareentwicklung nicht möglich ist. Der Name agile Softwareentwicklung verleitet auch dazu, alle anderen Vorgehensmodelle fälschlicherweise als nicht-agile Vorgehen einzustufen. Jedoch kann jedem Vorgehensmodell ein bestimmter Grad an Agilität zugesprochen werden. Es wäre ebenso ein Fehlschluss, zu behaupten, dass agile Softwareentwicklung den höchsten Grad einer agilen Entwicklung darstellt.

Zusammengefasst sollte *Agile Softwareentwicklung* deshalb nur als Name für eine bestimmte Klasse von Methoden verstanden werden, die zwar einen sehr hohen, nicht aber maximalen Grad an Agilität mit sich bringen. Dave Thomas beschrieb diesen Umstand als Co-Autor des *Agilen Manifests* auf seinem Blog wie folgt: „*The word 'agile' has been subverted to the point where it is effectively meaningless [...]. But once the word agile becomes meaningless, developers can no longer use it as a guide to what is useful in their practice.*" (Thomas, 2014).

Den Erkenntnissen von Larman und Basili (2003) zufolge, stellt die agile Softwareentwicklung nur eine stark erweiterte inkrementell-iterative Entwicklung dar und kein eigenständiges Modell. Deshalb sind nahezu alle Aspekte iterativ-inkrementeller Entwicklung ein Teil von jeder agilen Methode (Sommerville, 2011). Es wird ohnehin diskutiert, ob agile Softwareentwicklung überhaupt ein Vorgehensmodell darstellt. Denn im Gegensatz zu den bisherigen Vorgehensmodellen ist der Kerngedanke agiler Entwicklung nicht einfach als Modell visualisierbar, da es sich lediglich um Rahmenbedingungen in Form einer Philosophie handelt, die den bereits gut ausgearbeiteten Softwareentwicklungsprozessen nur die notwendige Flexibilität für komplexe Projekte verleihen sollen (Cohn, 2010). Diese Rahmenbedingungen sind über die vier Leitsätze und zwölf Prinzipien agiler Entwicklung im agilen Manifest (Beck et al., 2001) definiert worden. Agile Entwicklung ist demnach eher eine Sammlung von Ansätzen und kann deshalb nicht ohne weiteres als eigenständiges Vorgehensmodell bezeichnet werden. Sommerville (2011) erklärt agile Entwicklung aus diesem Grund zu einer Philosophie, da sie ebenso wie eine Philosophie darüber informiert, wie Methoden letztendlich umgesetzt und angewandt werden sollten. Eine Philosophie ähnelt damit zwar stark einem Vorgehensmodell, distanziert sich aber dadurch, dass die Vollständigkeit und Detailtiefe eines konkreten Modells nicht beansprucht wird. In dieser Arbeit wird die agile Softwareentwicklung dennoch als eigenständiges Vorgehensmodell behandelt.

Die großen Unterschiede der agilen Softwareentwicklung zu anderen Vorgehensmodellen bestehen in den wenigen Regeln, leichtgewichtigen Definitionen und Dokumentationen, sowie der hohen Kollaboration und Änderungsfreudigkeit (Broy & Kuhrmann, 2013). Damit positioniert sich die agile Softwareentwicklung zumindest teilweise als „Gegensatz zu sogenannten schwergewichtigen Vorgehensweisen mit hohem Regelungs- und Organisationsaufwand" (Broy & Kuhrmann, 2013, S. 97). „Agile Ansätze verfolgen die Technik, Anforderungen zu partitionieren. Die Anforderungen für später zu liefernde Teile brauchen erst später festzustehen." (Goll & Hommel, 2015). Dazu legt die agile Softwareentwicklung den Fokus auf eine hohe Zufriedenheit des Auftraggebers, die durch schnelle Auslieferung qualitativ hochwertiger Software, aktive Teilnahme der Beteiligten und dem Schaffen von Verbesserungen erreicht werden soll (Highsmith & Highsmith, 2002).

Diese Unterschiede ermöglichen einen schnelleren Austausch über Probleme und Hindernisse, die folglich auch schneller berücksichtigt und behoben werden können. Im Gegensatz zu einer Wasserfall-Organisation findet die Kommunikation gleichmäßig verteilt über die gesamte Projektlaufzeit statt. Quantitativ unterscheidet sich die Kommunikation aber nicht von einem Projekt gleicher Laufzeit unter Wasserfall-Organisation (Klünder, Handke, Gfesser, Schneider, & Kauffeld, 2017). Der entscheidende Unterschied besteht aber in der Aktualität der kommunizierten Inhalte, die unter agiler Organisation stets auf dem neusten Stand sind und somit Aspekte berücksichtigen können, die erst im Laufe der Entwicklung auftreten.

Weiterhin wird Agilität durch eine enge Zusammenarbeit mit dem Auftraggeber und dem Abbau von Bürokratie erreicht (Cohn, 2010). Die aktive Einbeziehung des Auftraggebers in den Entwicklungsprozess bedeutet schnellere Entscheidungen durch direkte Kommunikation, kürzere Entscheidungswege und schnelles Feedback (Lindvall et al., 2002). Iterative Vorgehensmodelle beziehen zwar ebenfalls die Meinung des Auftraggebers mit ein, jedoch begrüßt die agile Softwareentwicklung eine deutlich stärkere Zusammenarbeit, die bei manchen agilen Methoden so weit gehen kann, dass Mitarbeiter des Auftraggebers vor Ort in der Softwareentwicklung vorgesehen sind (vgl. Beck & Gamma, 2000).

Flachere Hierarchien ermöglichen kürzere Entscheidungswege, betonen eine hohe Kollaboration und legen die Verantwortung mehr in die Hände der Mitarbeiter. Highsmith und Highsmith (2002) beschreiben die Perspektive agiler Methoden deshalb insgesamt als chaordisch, einer harmonischen Koexistenz von Chaos und Ordnung, da sie ähnliche kollaborative Werte und Prinzipien teilen die von sich aus eine grobe Ordnung ermöglichen und dadurch gleichzeitig ein positives Chaos aufrechterhalten. Die Mitarbeiter können sich dadurch kreativer verhalten, was vor allem für eine Lösungsfindung notwendig ist.

Dies stellt einen weiteren Faktor dar, der das Überleben des Projektes im komplexen Bereich sichert. Der Entwicklungsprozess muss einen ständigen Lernprozess umfassen, damit sich das Wissen im Unternehmen für Lösungsfindungen und Innovationen frei bewegen kann (McLaughlin, 2007). Projekte des komplexen Bereiches, die versucht wurden mittels traditioneller Vorgehensmodelle zu bearbeiten, scheiterten unter anderem an dieser fehlenden Lösungsfindung (vgl. Jarzombek, 1999).

Um noch mehr Agilität erreichen zu können, muss die entwicklungsbegleitende Bürokratie abgebaut werden, weil „jede Art einer ausführlichen Dokumentation den Fortschritt hemmt und Änderungen unterbindet, da bei Änderungen viele Dokumente aus Zeitdruck in der Praxis gar nicht nachgezogen werden können." (Cohn, 2010, S.79). Das ist eines der großen Nachteile des inkrementellen Entwicklungsmodells, welches schnell zum Opfer des steigenden Dokumentationsaufwands werden kann. Agile Softwareentwicklung versucht diesen Aufwand von Anfang an zu minimieren. Es ist ein Missverstehen agiler Ansätze, dass keine Dokumentation erstellt werden muss, um höchstmögliche Agilität erreichen zu können (Broy & Kuhrmann, 2013). In jedem Fall geht mit dem Abbau der Bürokratie und der damit hauptsächlich einhergehenden leichteren Dokumentation auch Sicherheit verloren (Cohn, 2010), die unter anderem bei der Entwicklung von Systemen hoher Kritikalität notwendig sein kann oder vertragsrechtlich sogar erforderlich ist (Broy & Kuhrmann, 2013).

Die Entwicklung agiler Softwareentwicklung wird über den aktuellen Stand sicherlich noch fortgeführt werden. Gartner Inc. (2009) stufte den Stand agiler Softwareentwicklung 2009 als „Early Mainstream" ein und prophezeite, dass es noch ca. fünf bis zehn Jahre dauern sollte, bis das „Plateau of Productivity" erreicht sei, mit dem auch die Akzeptanz des Modells einhergeht. Diese Zeit ist nun weitestgehend vergangen und nach den Ergebnissen von VersionOne (2016), setzten 2016 bereits 95 % der Unternehmen agile Prozesse ein.

Eine genauere Vorstellung von der agilen Softwareentwicklung sollen die 2001 definierten Prinzipien und Werte des agilen Manifests geben, die im Folgenden vorgestellt werden.

2.3.1. Prinzipien und Werte

Um die 90er Jahre herum entstanden Methoden, die den bisherigen Vorgehensmodellen nicht direkt zugeordnet werden konnten. Zu diesem Zeitpunkt sprach noch niemand von agiler Softwareentwicklung. Diese Methoden wurden als Antwort auf die mäßigen Projekterfolge hin formuliert und sie zogen die Aufmerksamkeit vieler Projektmanager und Softwareentwickler schnell auf sich. Über zehn Jahre nach Veröffentlichung dieser ersten neuartigen Methoden trafen sich die Autoren und Softwareentwickler im Jahr 2001 in Utah, um Richtlinien dieser neuen Vorgehensweise zu definieren. Das Ergebnis waren vier Werte und zwölf Prinzipien, die als Manifest für Agile Softwareentwicklung (Beck et al., 2001) veröffentlicht wurden. Durch diese retrospektive Formulierung wurde diesen neuartigen Methoden zumindest ein konkreter Name gegeben: Agile Softwareentwicklung.

Das Ergebnis dieses Manifests war, dass eine agile Softwareentwicklung diese vier Werte und zwölf Prinzipien berücksichtigen muss, um sich agile Softwareentwicklung nennen zu können. Im Folgenden werden diese Werte und Prinzipien interpretiert, da das Manifest selbst keine Erklärungen liefert.

Werte agiler Softwareentwicklung

Das Manifest für agile Softwareentwicklung beschreibt die Werte wie folgt:

„Wir erschließen bessere Wege, Software zu entwickeln, indem wir es selbst tun und anderen dabei helfen. Durch diese Tätigkeit haben wir diese Werte zu schätzen gelernt:

Individuen und Interaktionen mehr als Prozesse und Werkzeuge

Funktionierende Software mehr als umfassende Dokumentation

Zusammenarbeit mit dem Kunden [10] mehr als Vertragsverhandlung

Reagieren auf Veränderung mehr als das Befolgen eines Plans

Das heißt, obwohl wir die Werte auf der rechten Seite wichtig finden, schätzen wir die Werte auf der linken Seite höher ein." (Beck et al., 2001).

Obgleich die Werte auf der linken Seite über die der rechten Seiten gestellt werden, so müssen trotzdem beide Seiten berücksichtigt und wertgeschätzt werden. Beispielsweise würde eine Entwicklung unter vollständiger Missachtung von Prozessen und Werkzeugen leiden. Diese Wertehierarchie soll jedoch hervorheben, dass Softwareentwicklung nicht durch starre Prozesse oder übermäßige Bürokratie formalisiert werden sollte, da genau dieser Umstand zum Misserfolg bisheriger Vorgehensmodelle geführt hat.

---

[10] Die Literatur um agile Softwareentwicklung verwendet die Begriffe Kunde und Auftraggeber synonym, da sie nicht näher zwischen den Begriffen unterscheidet. In dieser Arbeit wird der Begriff Auftraggeber ebenfalls synonym für Kunde verwendet.

Eine gute Softwareentwicklung lebt hingegen von den beteiligten Individuen und ihren Interaktionen. Das Ziel, vor allem nützliche Software auszuliefern, gelingt bei komplexen Projekten nur durch die Zusammenarbeit mit dem Auftraggeber und durch das Reagieren auf Veränderungen. Dadurch distanziert sich die agile Entwicklung am deutlichsten vom Wasserfall-Modell und versucht mittels der vier Werte den Fokus der Softwareentwicklung mehr auf das Ziel bzw. auf das Ergebnis anstelle des Weges zu legen. Letztendlich soll der Weg flexibel entsprechend der Situation von den Individuen gewählt werden, wenn sich das Ziel durch die Zusammenarbeit mit dem Auftraggeber verändert. Schwergewichtige Dokumentationen, vertraglich exakt festgelegte Pläne, Prozesse und Werkzeuge nehmen der Softwareentwicklung andernfalls die Möglichkeit, den besten Weg zum Ziel in unvorhergesehenen Situationen zu finden.

Seit der Veröffentlichung des Manifests werden diese Werte jedoch nicht immer richtig interpretiert. Nach Beck (2011) ist es wichtig, dass zwar auch die bisherigen Werte berücksichtigt werden, aber das Ziel der bisherigen Werte wird offenbar häufig außer Acht gelassen. Damit der Fokus auf die wichtigen Merkmale gelenkt wird, beschrieb Beck im Jahr 2011 eine überarbeitete Version des agilen Manifests als das *Beyond Agile Manifest* (Beck, 2011). Er greift dabei die bisherigen vier Werte auf und erweitert diese jeweils um eine höhere Ebene:

„*Team vision and discipline* over individuals and interactions (over processes and tools)

Validated learning over working software (over comprehensive documentation)

Customer discovery over customer collaboration (over contract negotiation)

Initiating change over responding to change (over following a plan)" (Beck, 2011).

Das Ziel des ersten Wertes sollte sein, dass das Team eine gemeinsame Vision vom Ergebnis und dessen Qualität hat sowie diszipliniert arbeitet. Das könne durch einen guten Umgang untereinander und einem allgemeinen Fokus auf die Individuen erreicht werden. Lockere Prozesse und eine freiere Wahl der Werkzeuge sollten letztendlich die Freiheit geben, das Ziel bzw. den Zielzustand zu erreichen und zu halten.

Der Entwicklungsprozess, der gemäß dem zweiten Wert vor allem funktionierende Software produzieren soll, verbessert sich nicht von allein. Dieser Prozess kann deutlich effizienter werden, wenn aus den bisherigen Entwicklungen gelernt wird. Praktiken, wie regelmäßige Code-Reviews, verbessern die Qualität und beschleunigen die Lösungsfindung bei bekannten Problemen.

Der dritte Wert spricht an, dass eine starke Zusammenarbeit mit dem Auftraggeber allein nicht ausreicht, um die Zufriedenheit des Auftraggebers mit dem Produkt zu adressieren. Der Auftraggeber kann nur dann ein nützliches Produkt bekommen, wenn die Anforderungen aktiv erforscht werden. Zusammen mit dem vierten Wert soll dabei nicht erst passiv auf Änderungswünsche gewartet werden. Dem Auftraggeber soll das Potential der Software offenbart werden, damit er es voll ausschöpfen kann.

Ob eine Softwareentwicklung alle vier Werte berücksichtigt, lässt sich fast nur durch nähere Betrachtung des Entwicklungsprozesses sagen. Aus einer konkreten agilen Methode sollten jedoch alle vier Werte bereits formal ablesbar sein.

Prinzipien agiler Softwareentwicklung

Zusätzlich zu den vier Werten haben die Autoren des Agilen Manifests die folgenden zwölf Prinzipien definiert:

„Wir folgen diesen Prinzipien:

[1] Unsere höchste Priorität ist es, den Kunden durch frühe und kontinuierliche Auslieferung wertvoller Software zufrieden zu stellen.

[2] Heiße Anforderungsänderungen selbst spät in der Entwicklung willkommen. Agile Prozesse nutzen Veränderungen zum Wettbewerbsvorteil des Kunden.

[3] Liefere funktionierende Software regelmäßig innerhalb weniger Wochen oder Monate und bevorzuge dabei die kürzere Zeitspanne.

[4] Fachexperten und Entwickler müssen während des Projektes täglich zusammenarbeiten.

[5] Errichte Projekte rund um motivierte Individuen. Gib ihnen das Umfeld und die Unterstützung, die sie benötigen und vertraue darauf, dass sie die Aufgabe erledigen.

[6] Die effizienteste und effektivste Methode, Informationen an und innerhalb eines Entwicklungsteams zu übermitteln, ist im Gespräch von Angesicht zu Angesicht.

[7] Funktionierende Software ist das wichtigste Fortschrittsmaß.

[8] Agile Prozesse fördern nachhaltige Entwicklung. Die Auftraggeber, Entwickler und Benutzer sollten ein gleichmäßiges Tempo auf unbegrenzte Zeit halten können.

[9] Ständiges Augenmerk auf technische Exzellenz und gutes Design fördert Agilität.

[10] Einfachheit -- die Kunst, die Menge nicht getaner Arbeit zu maximieren -- ist essenziell.

[11] Die besten Architekturen, Anforderungen und Entwürfe entstehen durch selbstorganisierte Teams.

[12] In regelmäßigen Abständen reflektiert das Team, wie es effektiver werden kann und passt sein Verhalten entsprechend an.“ (Beck et al., 2001).

Diese Prinzipien definieren einerseits den Rahmen, in dem agile Softwareentwicklung betrieben werden sollte und stellen andererseits konkrete Forderungen für Methoden. Frühe und kontinuierliche Auslieferungen (aus Prinzip 1 und 3) verweisen bereits auf ein iteratives Vorgehen. Die Möglichkeit für Anpassungen und Änderungen in der laufenden Entwicklung (aus Prinzip 2 und 11) unterstreichen das zusätzlich. Die Auslieferung wertvoller und funktionierender Software (aus Prinzip 1 und 3) stellt eine Abgrenzung zum Spiralmodell dar, in denen der funktionelle Einsatz der Prototypen nicht vorgesehen ist. Die agile Softwareentwicklung strebt hiermit einen schnellen Return-On-Investment an, sodass der Auftraggeber schnell ein einsatzfähiges Produkt bekommt. Ein weiteres Kernelement ist die Abwendung von der tayloristischen Perspektive hin zu einer humanistischen, mitarbeiterzentrierten Softwareentwicklung (aus Prinzip 4, 5, 6, 11 und 12) (vgl. Chau & Maurer, 2004; Dingsøyr, et al., 2012). Die Interaktion wird gezielt zwischen den Projektbeteiligten gefördert, die Mitarbeiter werden unterstützt, ihnen wird Vertrauen entgegengebracht und sie genießen viele Freiheiten in ihrer Arbeitsgestaltung. Damit die Softwarequalität unter all den Freiheiten nicht außer Acht gelassen wird, schreibt das Manifest eine nachhaltige Entwicklung vor, mit ständigem Augenmerk auf der Qualität des Produktes und auf die Effektivität der Entwickler (aus Prinzip 8, 9 und 12). Unabhängig davon sollen die Entwickler auch nur die Anforderungen umsetzen, die umgesetzt werden müssen (aus Prinzip 7). Durch diese Prinzipien soll die Entwicklung funktionierender Software gewährleistet werden, die sogleich das Maß des Erfolgs darstellt (aus Prinzip 7).

Nach Veröffentlichung des agilen Manifests wurde zunehmend der Versuch unternommen, die agile Softwareentwicklung zu definieren. Die Ergebnisse werden im folgenden Abschnitt vorgestellt.

2.3.2. Definitionen agiler Softwareentwicklung

Nerur und Balijepally (2007, S.81f), erklären die agile Softwareentwicklung wie folgt: „*The trend in management thinking, moving from a deterministic/mechanistic view of problem solving to a dynamic process, characterized by iterative cycles and the active involvement of all stakeholders, is reflected in software development as well. The "emergent metaphor of design" in the table is manifest in the agile methods in today's emerging software-development thinking. Agile methods are people-centric, recognizing the value competent people and their relationships bring to software development. In addition, it focuses on providing high customer satisfaction through three principles: quick delivery of quality software; active participation of concerned stakeholders; and creating and leveraging change. Big upfront designs/plans and extensive documentation are of little value to practitioners of agile methods. Important features of this approach include evolutionary delivery through short iterative cycles — of planning, action, reflection — intense collaboration, self-organizing teams, and a high degree of developer discretion."*.

Agile Softwareentwicklung ist nach Collier (2012) ein Ansatz um Software zu entwickeln, bei dem sich die Anforderungen und die Lösungen über die Zusammenarbeit von sich selbst-organisierenden und multifunktionalen Teams, dem Auftraggeber und den Nutzern entwickelt. Durch den Einsatz von adaptiven Planungen, evolutionärer Entwicklung, frühen Auslieferungen und kontinuierlichen Verbesserungen begünstigt dieser Ansatz eine schnelle und flexible Reaktion auf Änderungen (Herzog, 2015).

Agile Softwareentwicklung stellt für Ambler (2011) hingegen ein Modell der Softwareentwicklung dar, deren Methoden einem iterativen und inkrementellen Ansatz folgen, die es ermöglichen, durch regelmäßiges Feedback (Subramaniam & Hunt, 2006), wenigen effizienten Regeln ohne schwergewichtige Softwarebürokratie (Cockburn, 2001) und einer hochfrequenten *face-to-face* Kommunikation zwischen allen Projektbeteiligten (Vasiliauskas, 2014) schnell und flexibel auf Änderungen reagieren zu können (Larman, 2004).

Einzeln betrachtet, beschreibt leider keine Definition den Charakter vollständig, obwohl die Definition von Nerur und Balijepally (2007) bereits sehr umfassend ist. „*Letztendlich ist Agilität nicht präzise definiert.*" (Goll & Hommel, 2015, S.73) und das, obwohl die ersten Methoden bereits seit den 90er Jahren eingesetzt werden.

Die meisten publizierten Definitionen verweisen einfach auf die eher schwammig formulierten zwölf Prinzipien und vier Werte des agilen Manifests (Laanti et al., 2013). Laanti et al. (2013) analysierten und kategorisierten komplette Definitionen, mit dem Ergebnis, dass alle analysierten Definitionen unterschiedliche Aspekte und diese auch unterschiedlich stark beschrieben. Die Werte und Prinzipien des Manifests werden seitdem in nachfolgenden Publikationen unterschiedlich interpretiert. Beispielweise hebt ein agiles Prinzip die Effizienz hervor, wozu Goldman bereits Jahre vor dem Agilen Manifest in seiner Definition schrieb, dass agil zu sein nicht zwingend etwas mit Effizienz zu tun haben muss (Goldman, 1994). Es ist ebenso ein Missverständnis, wenn mit Verweis auf Agilität argumentiert wird, dass in einem Projekt keine Dokumentation erstellt werden muss, weil die Dokumentation als untergeordneter Wert im Manifest definiert wurde (Broy & Kuhrmann, 2013). Als letztes Beispiel wird das Prinzip der täglichen Zusammenarbeit von Cockburn (2006) lediglich in Form von starker Kommunikation bezeichnet, wohingegen Ambler (2007) von Kollaboration spricht. Laanti et al. (2013) erklären, dass gerade solche Unterschiede zu Verwirrung größerer Organisationen führen können und verweisen zusätzlich auf widersprüchliche Beschreibungen durch unterschiedliche Publikationen. Die Recherchen von Dern (2011) zur Definition agiler IT-Systeme kamen zum selben Ergebnis und brachten keine eindeutige und allgemein akzeptierte Definition hervor. Halamzie hebt nach Betrachtung verschiedener Definitionen noch hervor, „wie diffus der Begriff der Agilität in der Softwareentwicklung ist" (Halamzie, 2013, S.15). Laanti et al. (2013) kommen nach umfangreicheren Analysen von zehn verschiedenen Definitionen zu dem Schluss, dass selbst die "Gurus" der Szene Probleme haben, agile Softwareentwicklung zu definieren. Dennoch gibt es hinsichtlich einzelner Aspekte auch starke Überschneidungen zwischen den Definitionen. So konnten Lindner, Ott und Leyh (2017) mittels Literaturanalyse im Wesentlichen sieben Eigenschaften identifizieren: Schnelligkeit, Flexibilität, Anpassung, Dynamik, Vernetzung, Selbstorganisation und Vertrauen. Eine genaue Betrachtung mehrerer Definitionen verdeutlicht das Unterfangen, agile Softwareentwicklung über Analysen selbiger zu definieren. Nach Boehm und Turner (2003) darf sich eine wahre Methode agiler Softwareentwicklung erst als eine solche bezeichnen, wenn sie die folgenden Attribute vorweisen kann: Iterationen, Inkremente, selbstorganisierende Teams und Emergenz bei der sich die Arbeitsstruktur, Prozesse und Prinzipien erst während der Projektlaufzeit herauskristallisieren. Gebraucht wird eine adaptive Projektdurchführung, die fehlendes Wissen kompensiert und sich der jeweiligen Situation anpasst (Cohn, 2010).

2.3.3. Frameworks und Methoden

Viele Studien beschäftigen sich nur mit der Methode *Extreme Programming* (vgl. Beck & Gamma, 2000) und dem Framework *Scrum* (vgl. Schwaber & Beedle, 2002) und vernachlässigen dabei die Ansätze anderer Methoden und Frameworks (Dybå & Dingsøyr, 2008). Darüber hinaus wird diskutiert, ob Frameworks wie Scrum, nicht eher eine Methode darstellen. Dies führt mitunter zur Verwechslung von Methoden, Frameworks und Vorgehensmodellen. Für ein umfassenderes Bild von agiler Entwicklung könnte der Vergleich von mehreren Methoden und Frameworks hilfreich sein.

Ein solcher umfassender Vergleich wurde von Abrahamsson et. al. (2017) unter anderem mit den Methoden *Extreme Programming, Scrum,* der *Crystal* Familie, *Feature Driven Development,* dem *Rational Unified Process, Dynamic System Development* und *Adaptive Software Development* durchgeführt. Sie kommen zu dem Schluss, dass die Methoden schwer vergleichbar sind, weil sie die Probleme der Softwareentwicklung jeweils aus einer anderen Perspektive angehen, sowie unterschiedlich stark beschrieben und erprobt sind. In der Literatur wird auch zu keiner einzigen agilen Methode erklärt, wie diese vollständig implementiert werden kann (Abrahamsson et al., 2017). Die Einführung einer agilen Methode kann sich demnach schwer gestalten und ein Wechsel zwischen zwei Methoden wäre ebenso schwer umsetzbar, auch wenn beide Methoden der agilen Softwareentwicklung zugeschrieben werden.

Diese Bedingung, ob Methoden, die aktuell der agilen Softwareentwicklung zugeschrieben werden, überhaupt die Werte und Prinzipien des Manifests erfüllen, wird in der aktuellen Methodenlandschaft nicht immer erfüllt oder zumindest kontrovers diskutiert. Extreme Programming wird in diesem Zusammenhang häufig kritisiert (vgl. McBreen, 2002), ist dabei aber nicht die einzige Methode, deren Zuordnung angefochten wird. Es wirkt dem Verständnis agiler Softwareentwicklung ebenso entgegen, dass Methoden und Prinzipien von den Vertretern agiler Entwicklung bewusst verwechselt werden, damit keine umfangreichen Methodenbeschreibungen entstehen, die die Prinzipien überlagern könnten (Hüsselmann, 2014).

Historisch betrachtet entstanden die Methoden und Frameworks in den zwei Jahrzehnten vor dem Agilen Manifest. Da die Werte und Prinzipien des Agilen Manifests bereits den Methoden und Frameworks entlehnt sind, ist eine nähere Betrachtung selbiger im Rahmen dieser Arbeit nicht sinnvoll. Dazu kommt, dass manche Methoden auf vorherigen agilen Methoden aufbauen. So schrieb Kent Beck in der Entwicklung von *Extreme Programming* 1995 eine Mail an Jeff Sutherland, dem Autor von Scrum, mit dem Inhalt: *„Is there a good place to get reprints of the SCRUM paper from HBR? I've written patterns for something very similar and I want to make sure I steal as many ideas as possible.* " (Sutherland, 2005).

Nichtsdestotrotz ist Kent Beck neben Jeff Sutherland auch einer der Autoren des Agilen Manifests und hat zur Definition der Werte und Prinzipien beigetragen. Jedoch müssen Methoden, die der agilen Softwareentwicklung angehören wollen, die Werte und Prinzipien des Manifests einhalten. Andernfalls könne beim Einsatz dieser Methoden nicht von agiler Softwareentwicklung gesprochen werden. Es scheint allerdings, als teilen die agilen Methoden selbst nicht einmal die nachträglich daraus abgeleiteten Werte und Prinzipien. Deshalb ist eine nähere Betrachtung der einzelnen Methoden für die Erarbeitung einer Arbeitsdefinition agiler Softwareentwicklung nicht zielführend.

2.3.4. Praktiken

Die Methoden agiler Softwareentwicklung schreiben stellenweise schon den Einsatz bestimmter Praktiken vor. Scrum hat bspw. tägliche kurze Meetings, sogenannte *Daily*

Standups, fest in den Entwicklungsprozess integriert. Die Praktiken beschreiben auf der untersten Projektorganisationsebene, wie die Planung ablaufen sollte und verhelfen der agilen Methode zu noch mehr Agilität. Bekannte Praktiken sind Daily Standup Meetings, Retrospektive Bewertungen, Reviews, Road- und Storymapping, sowie regelmäßige Auslieferungen und kurze Iterationen. Daneben gibt es noch viele weitere Praktiken, die aber aufgrund ihrer hierarchischen Einordnung unter dem Vorgehensmodell folglich auch den Werten und Prinzipien des agilen Manifests folgen müssten. Beispielsweise sind regelmäßige Auslieferungen und kurze Iterationen aufgrund des Agilen Manifests ein fester Bestandteil jeder agilen Methode und damit auch von der agilen Softwareentwicklung als Vorgehensmodell. Eine genauere Betrachtung der Praktiken ist für die Erarbeitung einer Arbeitsdefinition agiler Softwareentwicklung also auch nicht zielführend.

2.4.   Vorgehensmodelle im Vergleich

In der Literatur werden häufig nur traditionelle Vorgehensmodelle der agilen Softwareentwicklung gegenübergestellt. Was dabei "traditionell" ist, wird selten erklärt. In diesem Abschnitt sollen alle in dieser Arbeit genannten Vorgehensmodelle zumindest hinsichtlich ihrer Agilität beurteilt werden. Die Vorgehensmodelle können darüber hinaus anhand weiterer Eigenschaften verglichen werden, die für die Projektorganisation jedoch bei weiterem nicht so wichtig sind wie die Agilität. Letztendlich haben sich die Modelle nach dem Phasenmodell meist hin zu einem Mehr an Agilität aufgrund steigender Komplexität weiterentwickelt. Das heißt wiederum, dass die Modelle in einer Agilitäts-Reihenfolge stehen, was Boehm (2002) mit dem sogenannten *Planning Spectrum* zumindest grob visualisierte. Dieses Planning Spectrum wird in Abbildung 4 dargestellt und beschreibt eine Dimension, die von rechts nach links Modelle oder eher Vorgehensweisen mit wenig Agilität hin zu jenen mit extremer Agilität einordnet.

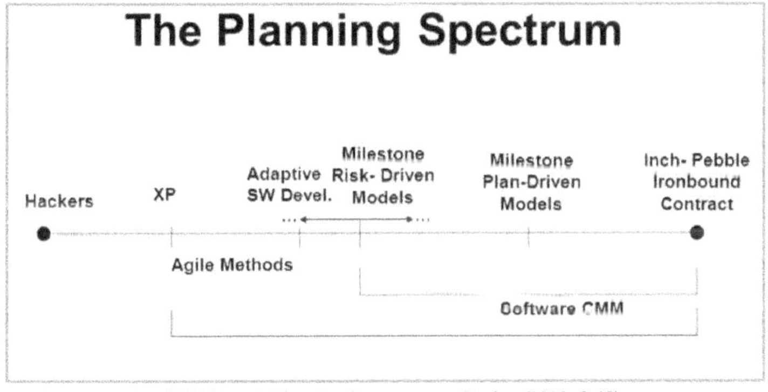

Abbildung 4: Planning Spectrum aus Boehm (2002, S.65).

Rechts beginnend mit „*Inch-Pebble Ironbound Contract*"- Modellen, die aufgrund ihrer vertraglich bedingten akribischen Ausformulierung aller Anforderungen nur einen sehr geringen Agilitätsgrad haben, wie dem Phasenmodell. In diesem Bereich herrscht wenig Komplexität vor und er entspricht daher dem einfachen Bereich in der Stacey-Matrix. Danach folgen die „*Milestone Plan-Driven Models*", die in festen Meilensteinen planen, aber eine flexible Anzahl an Meilensteinen vorsehen. Das iterative und das inkrementelle Entwicklungsmodell zählen dazu. Dem schließen sich die „*Milestone Risk-Driven Models*" an, bei denen die Minimierung von Risiko im Mittelpunkt steht. Diese Risikominimierung wird hauptsächlich durch regelmäßige Rücksprachen, Entwicklung von Prototypen und Anwendung iterativ inkrementeller Entwicklungszyklen erreicht. Zu diesen Modellen zählen das Spiralmodell und die Cleanroom-Entwicklung. Nach diesen ersten drei Bereichen ordnet Boehm die agilen Methoden ein, angefangen mit dem „Adaptive Software Development" bis hin zu *Extreme Programming*, welches mit „XP" abgekürzt wurde. Eine maximale Ausprägung von Agilität wird nur in chaotischen Strukturen erreicht, die für Boehm in den Bereich des Hackens fallen, wo es praktisch keine Regeln und Vorschriften gibt und das Finden von Lösungen über allem anderen steht.

Das Planning Spectrum kann damit als Diagonale in die Stacey Matrix übertragen werden, an dem sich die Vorgehensmodelle diagonal aufgrund ihres entsprechenden Agilitätsgrades aufreihen. Diese Einordnung der Vorgehensmodelle in die Stacey Matrix wurde von Riede (2018) bereits zum Teil vorgenommen, der sich jedoch überwiegend auf die Einordnung verschiedener Methoden konzentrierte. In Abbildung 5 ist das Planning Spectrum in die Stacey Matrix eigenständig integriert wurden. Die danach folgende Abbildung 6 zeigt den eigenständigen Versuch, die Vorgehensmodelle nach ihrem Agilitätsgrad in der modifizierten Stacey Matrix einzutragen. Die zugrundeliegende Komplexitätsbeurteilung der einzelnen Vorgehensmodelle liegt im Anhang B vor.

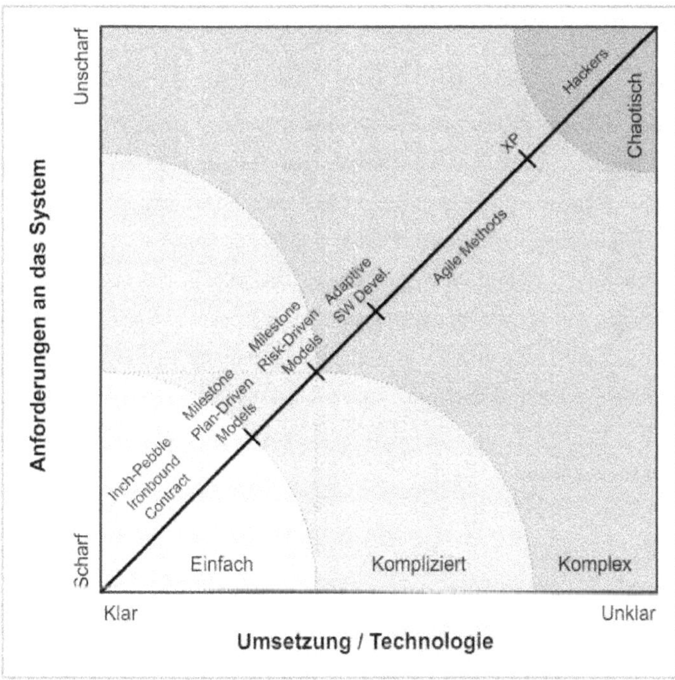

Abbildung 5: Stacey Matrix adaptiert von Stacey (1996), selbst modifiziert mit eingezeichnetem Planning Spectrum auf der Diagonalen (Quelle: Eigene Darstellung).

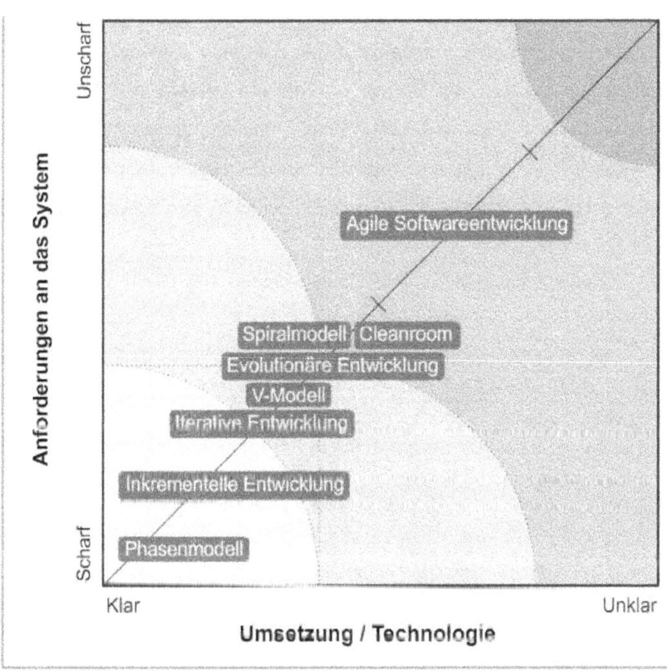

Abbildung 6: Stacey Matrix adaptiert von Stacey (1996), selbst modifiziert mit grober Einordnung der Vorgehensmodelle (Quelle: Eigene Darstellung).

Die modifizierte Stacey Matrix soll erneut hervorheben, dass sich Vorgehensmodelle nur für einen bestimmten Komplexitätsgrad eignen. Eine durchgehend agile Softwareentwicklung ist also nicht immer die beste Wahl. Das mag sicherlich auch einer der Gründe dafür sein, dass nach der HELENA-Studie (Kuhrmann et al., 2018) mittlerweile alle befragten Unternehmen hybride Modelle einsetzen, eine Mischung aus agiler und sequentieller Softwareentwicklung. Schließlich ist ein kompletter Wechsel von einem Vorgehensmodell zu einem anderen nicht so einfach möglich, da im Fall agiler Softwareentwicklung ein unternehmensweites Umdenken erforderlich ist (vgl. Cockburn & Highsmith, 2001).

2.5. Zusammenfassung

Die historische Aufarbeitung der Softwareentwicklung zeigt, dass sich die agile Softwareentwicklung über einen großen Zeitraum aus vielen Ansätzen heraus entwickelt hat. Spätestens seit Veröffentlichung des agilen Manifests im Jahr 2001 wurde die agile Softwareentwicklung von vielen Autoren verschieden definiert. Trotz unzähliger Definitionen, ist die agile Softwareentwicklung immer noch schwer greifbar, was mitunter daran liegt, dass die Werte und Prinzipien des Manifests nicht erklärt werden und keine bisher veröffentlichte Definition allgemein akzeptiert wurde. Dieser aktuelle Stand zeigt, dass hinsichtlich der agilen Softwareentwicklung noch viele Fragen offen sind. Dennoch wird sehr viel über den Einsatz agiler Methoden, deren Erfolgsfaktoren, Weiterentwicklungen, sowie über mögliche Hindernisse und Barrieren debattiert, obwohl die Grundlage, die agile Softwareentwicklung, bisher nicht exakt definiert wurde. Eine einheitliche und allgemein akzeptierte Definition würde die Forschung unterstützen und ein besseres Verständnis für den Einsatz agiler Methoden in der Praxis schaffen.

3. Fragestellungen

Agile Softwareentwicklung ist trotz unzähliger Definitionen immer noch schwer greifbar und das, obwohl dieses Vorgehensmodell bereits seit fast drei Jahrzehnten existiert. Dieser aktuelle Stand zeigt, dass hinsichtlich der agilen Softwareentwicklung noch viele Fragen offen sind. Mit dieser Arbeit sollen, aufbauend auf der vorgestellten Theorie, bestimmte Fragestellungen beantwortet werden, die im Folgenden vorgestellt werden:

Fragestellung 1 *(Hauptfragestellung)*: Was ist für agile Softwareentwicklung charakteristisch und was grenzt das Konstrukt von anderen Vorgehensmodellen möglichst trennscharf ab?

In dieser Arbeit soll vor allem die Frage geklärt werden, aus welchen Ansätzen die agile Softwareentwicklung besteht und wie sie sich entwickelt hat. Dazu wurde die historische Entwicklung der Vorgehensmodelle bereits erläutert, um Gemeinsamkeiten mit und Unterschiede zur agile Softwareentwicklung zu identifizieren. Das Resultat soll eine aus der Theorie abgeleitete Definition sein, die dieses Modell von anderen Modellen abgrenzt.

Fragestellung 2: Was verstehen Unternehmen und ihre Mitarbeiter unter agiler Softwareentwicklung und inwieweit deckt sich dies mit der aus der Theorie abgeleiteten Arbeitsdefinition?

Weiterhin soll herausgefunden werden, was IT-Unternehmen aktuell unter agiler Softwareentwicklung verstehen. Letztendlich müssten die IT-Unternehmen die zwölf Prinzipien und die vier Werte des agilen Manifests berücksichtigen, wenn sie agil entwickeln. Es existieren diesbezüglich aber keine Studien, die das Verständnis von agiler Softwareentwicklung in deutschen IT-Unternehmen erfassen. Basierend auf dem Problem, dass es zurzeit viele unterschiedliche Definitionen gibt und davon keine allgemein akzeptiert wird, soll die zweite Fragestellung beantworten, ob und in welchem Maße die Mitarbeiter der IT-Unternehmen die agile Softwareentwicklung definieren können. Das Resultat soll eine aus der Praxis abgeleitete Definition sein. Die aus der Theorie und Praxis abgeleiteten Definitionen sollen anschließend zu einer gemeinsamen Arbeitsdefinition zusammengeführt werden. Abbildung 7 visualisiert das Vorgehen.

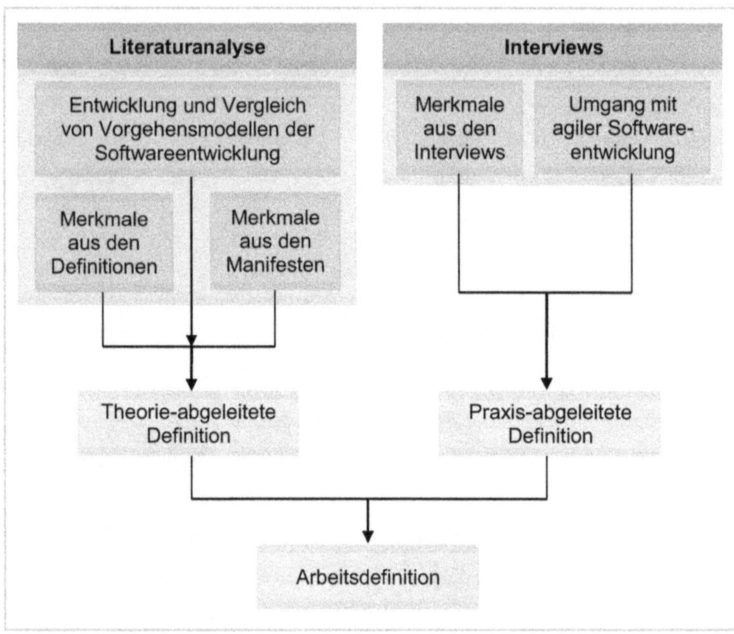

Abbildung 7: Vorgehen zur Erarbeitung der Arbeitsdefinition.

Fragestellung 3: Welche Gründe haben Unternehmen für den Einsatz einer agilen Softwareentwicklung? Welche Erwartungen haben die Unternehmen und ihre Mitarbeiter und welche Barrieren bzw. Herausforderungen werden gesehen?

Aktuelle Studien zeigen, dass nicht alle agilen Projekte erfolgreich verlaufen. Diese Gründe sollen durch die dritte Fragestellung eingegrenzt werden. In jedem Fall müssen IT-Unternehmen gute Gründe für eine agile Entwicklung haben, da diese neben vielen unternehmensweiten Auswirkungen z.B. auch mit vertragsrechtlichen Konsequenzen aufgrund der Vertragsbedingungen mit dem Auftraggeber zusammenhängen kann (Broy, & Kuhrmann, 2013). Welche Erwartungen die Unternehmen und ihre Mitarbeiter bei der Umsetzung agiler Softwareentwicklung haben und welche Barrieren oder Herausforderungen damit einhergehen, soll durch diese Fragestellung beleuchtet werden.

4. Literaturanalyse

In diesem Kapitel wird erklärt, wie die Merkmale agiler Softwareentwicklung gewonnen und für die Arbeitsdefinition aufbereitet werden. Das Kapitel schließt mit der Erstellung einer aus der Theorie abgeleiteten Definition ab.

Die Datengrundlage besteht aus den Werten und Prinzipien des Agilen Manifests (Beck et al., 2001), den Werten des *Beyond Agile Manifest* (Beck, 2011) und 30 veröffentlichten Definitionen. Da die Manifeste von den Autoren der agilen Methoden stammen, also von jenen, die die agile Softwareentwicklung erschaffen haben, stellen diese glaubhafte Quellen dar. Die meisten veröffentlichen Definitionen können diesen Anspruch nicht erheben und müssen daher zunächst separat analysiert werden. Dies trifft in gleichem Maße auf die Definitionen zu, die über die Interviews in Kapitel 5 erhoben wurden.

4.1. Methode

Die Methode hat das Ziel, die Merkmale agiler Softwareentwicklung aus den Werten und Prinzipien, sowie den Definitionen zu extrahieren, um diese zur Bildung einer Arbeitsdefinition nutzen zu können. Dies gelingt nur dann, wenn die Merkmale identifiziert werden können, die den Begriff der agilen Softwareentwicklung ausmachen. Ein entsprechendes Verfahren zur Identifikation dieser Merkmale müsste auf qualitativ unterschiedliche Quellen angewandt werden können, um die Merkmale dieser Quellen gleichwertig verarbeiten und ggf. vergleichen zu können. Im Folgenden wird diese Gewinnung und Aufbereitung der Merkmale transparent beschrieben, wie sie generell zur Extrahierung von Merkmalen in dieser Arbeit angewandt wird.

Gewinnung und Aufbereitung von Merkmalen agiler Softwareentwicklung

Durch die Literaturrecherche liegen viele qualitativ unterschiedliche Quellen vor, deren Merkmale selbst dann als gleichwertig betrachtet werden müssen, wenn diese mit unterschiedlicher Wertigkeit beschrieben werden. Die agilen Manifeste verdeutlichen das Problem, den Stellenwert eines Merkmals bestimmen zu können. Diese organisieren bestimmte Merkmale ihrer Werte in einer hierarchischen Reihenfolge. Dadurch ist zwar eine grobe Unterteilung in wichtige und weniger wichtige Merkmale möglich, die exakte Wertigkeit ist dabei aber nicht quantifizierbar. Eine Auszählung der Häufigkeiten bestimmter Merkmale aus den Definitionen wäre methodisch ebenso fragwürdig, da viele kurze und einfache Definitionen den Fokus auf lediglich häufig genannte Merkmale lenken würden und dabei die Wertigkeit seltener aber möglicherweise wichtigerer Merkmale umfangreicherer Definitionen überstimmen könnten.

Diese Umstände machen es notwendig, dass alle Merkmale über alle Quellen hinweg zunächst als gleichwertig betrachtet werden müssen, da deren Wertigkeit so ohne weiteres nicht eingeschätzt werden kann. Als maximale Aufbereitung kann dann bereits das Sortieren und sinngemäße Zusammenfassen betrachtet werden, weil die Bedeutung einzelner Begriffe durch andere Verarbeitungen, wie einer induktiven Inhaltsanalyse, verloren gehen könnte. Dennoch hilft die induktive Inhaltsanalyse bei der Bildung grober Kategorien, die eine Strukturierung der Arbeitsdefinition unterstützen können, weswegen der vollständige Gewinnungs- und Aufbereitungsprozess der Merkmale mit einer Kategorienbildung abschließt, wie in Abbildung 8 dargestellt.

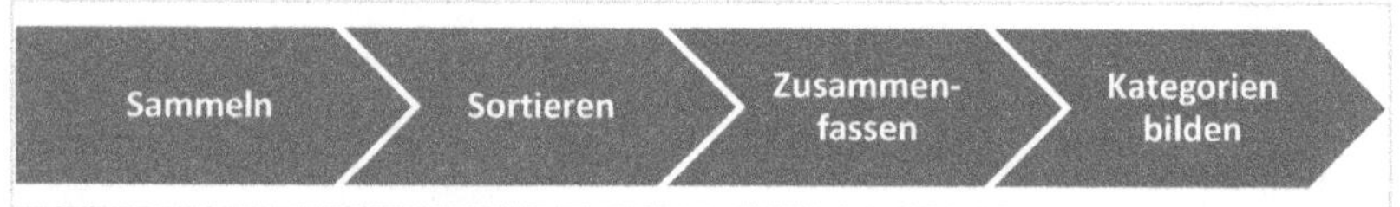

Abbildung 8: Gewinnung und Aufbereitung von Merkmalen.

Der erste Schritt besteht darin, alle Merkmale möglichst wörtlich aus jeder Quelle zu extrahieren. Dopplungen und stark ähnliche Merkmale werden in diesem Schritt trotzdem separat herausgeschrieben. Merkmale, welche nicht direkt genannt und stattdessen umschrieben werden, müssen mit besonderer Vorsicht interpretiert und herausgeschrieben werden. Dabei können mehrere Merkmale in einer Umschreibung verborgen liegen. Entsprechende Interpretationen sollten immer speziell gekennzeichnet werden, um eine Rückverfolgung zu ermöglichen und größtmögliche Transparenz zu gewährleisten. Da letztendlich alle Merkmale und deren Dopplungen aus mehreren Quellen im Sinne einer Datentriangulation (vgl. Brown, 2001) verwendet werden, sollten sich Interpretationsschwierigkeiten von Umschreibungen durch direkte Beschreibungen des Merkmals aus anderen Quellen ausgleichen.

Im zweiten Schritt werden alle gefunden Merkmale nach Ähnlichkeit sortiert. Die Ähnlichkeit definiert sich in erster Linie durch denselben Wortlaut und in zweiter Linie nach sinngemäßer Äquivalenz. Eindeutige wörtliche Dopplungen wurden daraufhin entfernt.

Im dritten Schritt sollen übergeordnete Kategorien aus den einzelnen Merkmalen gebildet werden, indem diese sinngemäß zusammengefasst werden.

Im letzten Schritt wird die induktive Inhaltsanalyse nach Mayring (2002) als anerkanntes wissenschaftliches Verfahren eingesetzt, um die Bildung von höheren Kategorien zu ermöglichen. Dieses Verfahren wird zweimal angewandt, sodass zusammen mit dem vorherigen Schritt drei Kategorie-Ebenen geschaffen werden, an deren Spitze die agile Softwareentwicklung steht.

Im folgenden Abschnitt wird dieses Verfahren auf die gefundenen Definitionen und Manifeste im Rahmen der Literaturanalyse angewandt, um Merkmale und Kategorien zu finden, die die Bildung der aus der Theorie abgeleiteten Definition ermöglichen und diese strukturieren.

4.2.   Ergebnisse

Aus den Werten und Prinzipien des Agilen Manifests (Beck et al., 2001), den Werten des *Beyond Agile Manifest* (Beck, 2011) und den 30 veröffentlichten Definitionen konnten insgesamt 189 Merkmale extrahiert werden. Diese wurden zunächst in einer gemeinsamen Tabelle gesammelt, um ein einheitliches Kategoriensystem zu schaffen. Nachdem diese Sammlung um exakte Dopplungen bereinigt wurde, folgte eine alphabethische Sortierung der verbliebenen 110 Merkmale als Vorbereitung für eine sinngemäße Zusammenfassung. Nach dieser Zusammenfassung zählte die Sammlung 72 Merkmale, die so nicht weiter zusammengefasst werden konnten.

Für diese Merkmale wurden Kategorien gebildet, wobei übergeordnete Begriffe gesucht wurden, welche durch die Merkmale adressiert werden. Ein Beispiel stellt das Merkmal Motivation dar, welches sich auf die Mitarbeiter bzw. Entwickler bezieht und entsprechend dem Begriff Mitarbeiter zugeordnet wurde. Nach der vollständigen Zuordnung von Begriffen wurde die Sammlung nach ihnen sortiert. Eine Kategorie entstand dann dadurch, dass ein zusammenfassender, gemeinsam adressierender Begriff gesucht wurde. Das Ergebnis dieser Suche waren die acht Kategorien *Mitarbeiterzentriert, Zusammenarbeit, Anpassungen, Arbeitsorganisation, Auslieferung, Bürokratie, Ergebnis* und *Lösungen*.

Der letzte Schritt der Aufbereitung bestand darin, für diese acht Kategorien ebenfalls Kategorien zu finden, indem übergeordnete Begriffe über Gemeinsamkeiten gesucht wurden, welche durch die acht Kategorien adressiert werden. Das Ergebnis waren die zwei Kategorien *Individuen* und *Softwareentwicklung*. Eine vollständige Übersicht aller gefundenen Merkmale und deren abgeleitete Kategorien ist in Abbildung 9 dargestellt.

Merkmale	Kategorie		
Zufriedenheit, Autonomie, Beziehungen, Entwicklerorientiert, Motivation, Vertrauen, Verhalten, Unterstützung der Individuen	**Mitarbeiterzentriert**	Individuen	Agile Softwareentwicklung
Einbindung, Fokus / Orientierung, Rückmeldung, Austausch von Rollen, Cross-Funktional, Kleine Teams, Kommunikation, Kompetenz, Selbstorganisierende Teams, Teamwork, Kollaboration, Lernprozesse, Unterstützung der Zusammenarbeit, Experten, gemeinsame Vision, Interaktionen, Kooperation	**Zusammenarbeit**		
Adaptiv, Akzeptieren, Anerkennen, Annehmen, Begrüßen, Durchhalten, Ergreifen, Ermöglichen, Initiieren, Flexibilität, Fokussieren, Klein und Kontinuierlich, Konstant, Manövrierfähigkeit, Reaktion, Möglichkeit	**Anpassungen**	Softwareentwicklung	
Kurze Zeitrahmen, kurze Zyklen, Einfachheit, Effektivität, Effizienz, Inkrementell, Iterativ, Auswahl richtiger Praktiken, Disziplin, Reflexion, Unbegrenzte Entwicklungszeit	**Arbeitsorganisation**		
Frühzeitig, Konstant, Regelmäßig, Schnell, Time-to-market, Kontinuierlich	**Auslieferung**		
Leichtgewichtig, Dokumentation	**Bürokratie**		
Funktionierende Software, hohe Qualität, hoher Business Value, Nützlichkeit, Wertvoll	**Ergebnis**		
Dynamisch, Emergenz, Evolutionär, Innovativ, Kleine und Medium-Systeme, Erforschung der Anforderungen, Durchdacht, Nachhaltigkeit, Validierung	**Lösungsprozess**		

Abbildung 9: Vollständige Übersicht aller extrahierten Merkmale.

An oberster Stelle steht die agile Softwareentwicklung die sich nachfolgend in die zwei Kategorien *Individuen* und *Softwareentwicklung* aufspaltet. Der Kategorie Individuen sind die feineren Kategorien Mitarbeiterzentriert und Zusammenarbeit untergeordnet. Der Kategorie Softwareentwicklung sind die sechs Kategorien Anpassungen, Arbeitsorganisation, Auslieferung, Bürokratie, Ergebnis und Lösungsprozess untergeordnet.

Merkmale aus den agilen Manifesten

Aus den Werten und Prinzipien des Agilen Manifests (Beck et al., 2001) und denen des *Beyond Agile Manifests* (Beck, 2011), konnten 36 Merkmale extrahiert werden, die in Abbildung 10 aufgelistet sind:

Verhalten, Motivation, Unterstützung der Individuen, Vertrauen	**Mitarbeiterzentriert**		
Unterstützung der Zusammenarbeit, Kollaboration, Experten, Kommunikation, gemeinsame Vision, Interaktionen, Lernprozesse, Kooperation, Selbstorganisierende Teams	**Zusammenarbeit**	**Individuen**	**Agile Softwareentwicklung**
Initiieren, Möglichkeit, Reaktion	**Anpassungen**		
Disziplin, Effektivität, Einfachheit, Iterativ, Reflexion, Unbegrenzte Entwicklungszeit	**Arbeitsorganisation**	**Softwareentwicklung**	
Frühzeitig, Konstant, Kontinuierlich, Regelmäßig	**Auslieferung**		
Dokumentation, Leichtgewichtig	**Bürokratie**		
Funktionierende Software, hohe Qualität, Wertvoll	**Ergebnis**		
Erforschung der Anforderungen, Durchdacht, Nachhaltig, Validierung,	**Lösungsprozess**		

Abbildung 10: Merkmale, die aus den Manifesten extrahiert wurden.

Merkmale aus den Definitionen

Laanti et al. (2013) kategorisierten komplette Definitionen und nutzten dafür eine Sammlung von 12 Definitionen agiler Softwareentwicklung von Kettunen (2009), die Definitionen enthält, welche bis 2007 veröffentlicht wurden. Dieser Sammlung wurden 13 überwiegend aktuellere Definitionen eigenständig ergänzt, um eine umfassende Quelle für die Gewinnung der Merkmale zu erhalten. Die folgende Abbildung 11 zeigt die 59 Merkmale, welche aus den 26 Definitionen extrahiert wurden.

Zufriedenheit, Autonomie, Beziehungen, Entwicklerorientiert, Motivation, Vertrauen	**Mitarbeiterzentriert**	**Individuen**	
Einbindung, Fokus / Orientierung, Rückmeldung, Austausch von Rollen, Cross-Funktional, Kleine Teams, Kollaboration, Kommunikation, Kompetenz, Selbstorganisierende Teams, Teamwork, Lernprozesse	**Zusammenarbeit**		**Agile Softwareentwicklung**
Adaptiv, Akzeptieren, Anerkennen, Annehmen, Begrüßen, Durchhalten, Ergreifen, Ermöglichen, Initiieren, Flexibilität, Fokussieren, Klein und Kontinuierlich, Konstant, Manövrierfähigkeit, Reaktion	**Anpassungen**	**Softwareentwicklung**	
Kurze Zeitrahmen, kurze Zyklen, Einfachheit, Effektivität, Effizienz, Inkrementell, Iterativ, Auswahl richtiger Praktiken	**Arbeitsorganisation**		
Frühzeitig, Konstant, Regelmäßig, Schnell, *Time-to-market*	**Auslieferung**		
Leichtgewichtig, Dokumentation	**Bürokratie**		
Funktionierende Software, hohe Qualität, hoher Business Value, Nützlichkeit	**Ergebnis**		
Dynamisch, Emergenz, Evolutionär, Innovativ, Kleine und Medium-Systeme	**Lösungsprozess**		

Abbildung 11: Merkmale, die aus den Definitionen extrahiert wurden.

Es gibt es Begriffe die nur in einer Definition, nicht aber in den anderen genannt werden. D.h. nicht alle Begriffe kamen vollständig in jeder Definition vor. Wenn das agile Manifest mit seinen Werten und Prinzipien das Mindestmaß einer Definition darstellen, dann hält der Großteil der Definitionen diesem nicht stand, wie auch schon Laanti et al. (2013) feststellten. Die Unvollständigkeit und Unterschiedlichkeit der Definitionen unterstreicht die Erkenntnis von Cohn (2010), dass agile Softwareentwicklung noch nicht präzise definiert ist.

Eine nähere Betrachtung dieser Merkmale zeigt den hohen Stellenwert der beteiligten Individuen. Die Alleinstellungsmerkmale agiler Softwareentwicklung erklären Cockburn und Highsmith (2001, S. 122) deshalb so: *"what is new about agile methods is not the practices they use, but their recognition of people as the primary drivers of project success, coupled with an intense focus on effectiveness and maneuverability. This yields a new combination of values and principles that define an agile world view.".* Jedoch fallen Kommunikationsregeln, der Umgang mit Mitarbeitern und dem Auftraggeber sowie die Verteilung der Mitarbeiterrollen nicht immer in den Herrschaftsbereich des IT-Managements. In der agilen Softwareentwicklung stellen sie aber einen festen Bestandteil dar, der maßgeblich den Erfolg mitbestimmt.

4.2.1. Analyse der Merkmale

Zur Bildung der aus der Theorie abgeleiteten Definition, werden alle gefunden Merkmale als gleichwertig betrachtet, auch wenn sie nicht alle in jeder Definition vorkommen. Für die Arbeitsdefinition ist es wichtig, dass die Merkmale und ihre Bedeutung für die agile Softwareentwicklung näher betrachtet werden, um weiter an Struktur gewinnen zu können. Dazu werden im Folgenden alle Kategorien mit Ihren Merkmalen einzeln analysiert.

Mitarbeiterzentriert

Die agile Softwareentwicklung hebt den Stellenwert der beteiligten Individuen besonders hervor. Dies wird zwar nicht explizit in den Definitionen beschrieben, ist aber ein großes Thema in den meisten Methoden. Ein Großteil des Fokus liegt dabei weniger auf dem Auftraggeber, mehr auf den eigenen Mitarbeitern und dort nochmal stärker auf den Entwicklern. Dieser Ansatz setzt auf einen Synergieeffekt, der mehr Agilität durch Autonomie erreichen möchte sowie eine höhere Arbeitsqualität durch motivierte und zufriedene Mitarbeiter. So sollen sich vor allem die Entwickler frei entfalten und kreativ ausleben können, bekommen dafür entsprechend viel Vertrauen zugesprochen und werden von ihrem Umfeld darin unterstützt. Von diesem guten Arbeitsergebnis soll natürlich auch der Auftraggeber profitieren, was die Zufriedenheit von allen Seiten erhöht.

Für die Arbeitsdefinition müssen die acht Merkmale dieser Kategorie in wenigen Sätzen zusammengefasst werden: Bei der agilen Softwareentwicklung handelt es sich um einen mitarbeiterzentrierten Ansatz, der die Arbeitsqualität durch Autonomie, gute Beziehungen, Motivation, Unterstützung und Vertrauen erhöht. Dies soll zu erhöhter Zufriedenheit bei allen Beteiligten führen.

Zusammenarbeit

In welchem Maße die Zusammenarbeit zwischen den Beteiligten stattfinden sollte, wird dagegen in vielen Definitionen thematisiert. Der Grad dieser Zusammenarbeit schwankt aber je nach Definition von einfachen Interaktionen und Kommunikation, über Teamwork und

Kooperation hin zu intensiver Kollaboration mit allen Projektbeteiligten. In den meisten agilen Methoden ist eine enge und intensive Kollaboration ein Kernelement agiler Entwicklung. Sie ist ebenso ein wichtiger Bestandteil der Zusammenarbeit selbstorganisierender interdisziplinärer Teams, weswegen in der Arbeitsdefinition die Kollaboration beschrieben wird.

Die Definitionen sind sich überwiegend darin einig, dass der Auftraggeber eine feste Position als „Experte" im Entwicklungsprozess haben sollte, der Nutzer der Software wird dabei aber selten berücksichtigt. Das liegt sicherlich daran, dass die agile Softwareentwicklung versucht, mit unklaren Anforderungen umzugehen, die wiederum nur vom Auftraggeber entgegengenommen werden können. Damit sich die Anforderungen entwickeln können, wird die Software regelmäßig ausgeliefert, sodass der Auftraggeber Feedback von den Nutzern einholen und rückmelden kann, womit der Auftraggeber die Möglichkeit hat, die Nutzer zu berücksichtigen.

Die Entwicklerteams sollten sich selbstorganisieren, eher klein und interdisziplinär zusammengesetzt sein und wünschenswert aus kompetenten Mitarbeitern bestehen. Diese Kompetenz zielt nicht nur auf die fachlichen Fähigkeiten ab, sondern auch auf die soziale Kompetenz und beinhaltet sicherlich auch die Fähigkeit unter agiler Organisation arbeiten zu können. Eine Definition beschreibt zusätzlich den flexiblen Austausch von Mitarbeiterrollen, was in der Interpretation vermutlich die freiere selbstständige Organisation der Entwicklerteams adressiert. Diese Zusammenarbeit soll sich über Lernprozesse ständig weiterentwickeln und das sollte auch von den Vorgesetzten unterstützt werden. Die Mitarbeiter sollten darüber hinaus eine gemeinsame Vision vom Ergebnis teilen, was die Zusammenarbeit erleichtert.

Für die Arbeitsdefinition müssen die 17 Merkmale dieser Kategorie in wenigen Sätzen zusammengefasst werden: Der Auftraggeber wird fest in den Entwicklungsprozess integriert. Die kleinen Entwicklerteams organisieren sich selbstständig und bestehen aus kompetenten interdisziplinären Mitarbeitern, die eine gemeinsame Vision vom Ergebnis teilen. Die Entwickler werden von ihrem Umfeld aktiv unterstützt und befinden sich in einem ständigen Lernprozess, in welchem sie ihre Arbeit regelmäßig reflektieren, um ihre Effizienz zu erhöhen.

Anpassungen

Ständig ändernde Anforderungen sind der Hauptgrund dafür, dass die agile Softwareentwicklung mit ihren Methoden geschaffen wurde. In jedem Fall sollten Änderungen möglich sein und entsprechend durch die Arbeitsorganisation berücksichtigt werden. Die meisten Definitionen räumen diesen Änderungen auch einen wichtigen Platz ein, sind sich jedoch uneinig darüber, ob die Anpassungen aktiv erforscht und initiiert werden sollten oder ob es genügt, wenn die Softwareentwicklung lediglich passiv darauf reagiert. Eine passive Haltung könnte dazu führen, dass der Auftraggeber keine Änderungen äußert und ein Produkt bekommt, was aufgrund fehlender Nützlichkeit auch keinen Wert für ihn besitzt. Dies würde in der Konsequenz jedoch gegen das Prinzip sprechen, den Auftraggeber zufriedenzustellen und nützliche Software auszuliefern. Daher ist eine gewisse Anregung des Auftraggebers notwendig, um Feedback zu bekommen.

Wenn Änderungen geäußert werden, sollten diese zumindest auch in den zukünftigen Iterationen berücksichtigt werden. Welchen Umfang und bis wann Änderungen entgegengenommen werden können, wird in den Definitionen selten beschrieben. Das Durchhalten von Änderungen auf unbestimmte Zeit ist allerdings ein Prinzip des agilen Manifests. Eine Definition nennt speziell zum Umfang von Änderungen, dass es eher kleine Änderungen sein sollten. Die agile Softwareentwicklung ermöglicht daher Korrekturen und Erweiterungen auf unbestimmte Zeit, aber keine komplette Kehrtwende. Diese Tatsache liegt in der Softwarearchitektur begründet, da das Fundament für jede Software zu Beginn gelegt wird und je nach Architektur nur einen bestimmten Grad an Flexibilität für nachfolgende Programmierungen bietet (Turk, France, & Rumpe, 2014). Eine größere Änderung kann aber sicherlich auch in kleinere Schritte zerlegt und verarbeitet werden, sofern diese zur Architektur passt.

Für die Arbeitsdefinition müssen die 16 Merkmale dieser Kategorie in wenigen Sätzen zusammengefasst werden: Die Anforderungen werden durch aktive Anregung des Auftraggebers regelmäßig erforscht. Kleinere Änderungen sollten daher von der Softwareentwicklung eingeplant werden und jederzeit möglich sein.

Arbeitsorganisation

Anforderungsänderungen werden erst durch eine bestimmte Arbeitsorganisation ermöglicht. Die Aufgaben müssen aufbereitet und koordiniert abgearbeitet werden. Ein Herzstück dieser Organisation ist die iterativ-inkrementelle Entwicklung, die zusammen mit zeitlich kurzen Iterationen zu schnellen Ergebnissen führen kann. Die Definitionen beschreiben den Umstand nicht explizit, dass die agile Softwareentwicklung auf dem evolutionären Entwicklungsmodell beruht und eine iterative inkrementelle Entwicklung als fundamentales Element des Entwicklungsprozesses übernommen hat.

Ein Prinzip des agilen Manifests beschreibt die Einfachheit als sehr wichtigen Umgang mit Aufgaben. Dies meint, dass nur die Aufgaben bearbeitet werden sollten, die auch wichtig sind, mit dem Ziel eine hohe Effektivität zu erlangen. Die regelmäßigen Reflexionen der Teamarbeit, Disziplin und die Auswahl der richtigen Praktiken sollen die Effizienz erhöhen.

Für die Arbeitsdefinition müssen die 11 Merkmale dieser Kategorie in wenigen Sätzen zusammengefasst werden: Die agile Softwareentwicklung ist ein iterativ-inkrementeller Ansatz für komplexe Software-Projekte, der auf dem evolutionären Entwicklungsmodell beruht. Mittels zeitlich kurzer Iterationen wird die Arbeitsorganisation flexibler und die Effektivität erhöht. Darüber hinaus soll zusammen mit der Auswahl richtiger Praktiken, regelmäßiger Reflektionen, Disziplin und Einfachheit eine effiziente Entwicklung auf unbegrenzte Zeit ermöglicht werden.

Auslieferung

Die Auslieferung der Software soll Feedback vom Auftraggeber ermöglichen. Regelmäßige Auslieferungen ermöglichen demnach auch regelmäßiges Feedback, was eine der Grundlagen für Anpassungen darstellt. Wie häufig die Software ausgeliefert werden soll, ist dieselbe Frage nach dem zeitlichen Umfang der Iterationen, da die Software zum Ende jeder Iteration ausgeliefert wird. Dies soll auch konstant bzw. kontinuierlich geschehen und vielen Definitionen nach auch schnell, damit das Produkt frühzeitig eingesetzt werden kann, auch wenn es noch nicht den vollständigen Funktionsumfang bietet.

Für die Arbeitsdefinition müssen die sechs Merkmale dieser Kategorie in wenigen Sätzen zusammengefasst werden: An die kurzen Iterationen sind auch die Auslieferungen gebunden, die regelmäßiges Feedback vom Auftraggeber und den frühzeitigen Einsatz der Software ermöglichen.

Bürokratie

Ein Wert des agilen Manifests stellt ausführliche Planungen in den Hintergrund. Agile Methoden konzentrieren sich mehr auf die Entwicklung von Software als auf das Schreiben ausführlicher Dokumentationen, ausgeprägter Aufgabenbeschreibungen, Verfassung rigider Verträge oder schwergewichtige Verwaltungen. Dies wird in den Definitionen oft als leichtgewichtig bezeichnet und in dem Zusammenhang wird häufig auf den Dokumentationsumfang verwiesen.

Für die Arbeitsdefinition müssen die zwei Merkmale dieser Kategorie in wenigen Sätzen zusammengefasst werden: Schwergewichtige bürokratische Prozesse und Dokumentationen sollen bewusst in den Hintergrund gestellt, nicht aber vernachlässigt, werden.

Ergebnis

Das Ergebnis einer Iteration wird jeweils an den Auftraggeber ausgeliefert. Damit der Auftraggeber etwas damit anfangen kann, sollte diese Software nach Auffassung vieler Definitionen funktionieren, eine hohe Qualität haben und durch diese Kombination nützlich bzw. wertvoll sein. Der Auftraggeber soll schnell von den Ergebnissen profitieren und die Software einsetzen können. Aus dem Einsatz heraus soll der Auftraggeber Feedback geben können, was eventuell zu neuen Anforderungen oder Änderungen führt.

Für die Arbeitsdefinition müssen die fünf Merkmale dieser Kategorie in wenigen Sätzen zusammengefasst werden: Dabei soll funktionierende Software ausgeliefert werden, die aufgrund ihrer hohen Qualität wertvoll, nützlich und einsatzbereit ist.

Lösungsprozess

Damit das Ergebnis nützlich ist und die Softwareentwicklung auf Veränderungen reagieren kann, sollte der Entwicklungsprozess auch eine Lösungsfindung beinhalten. Diese Lösungsfindung wird vor allem durch die Auslieferungen, der Zusammenarbeit und der Arbeitsorganisation unterstützt. Wenige Definitionen berücksichtigen die Modulierung des Ergebnisses, durch aktive Erforschung der Anforderungen, durchdachtes Softwaredesign, nachhaltige Entwicklung und Innovationen. Diese Merkmale agieren übergreifend und stellen damit die Überlebensfähigkeit agiler Softwareentwicklungen im komplexen Bereich sicher. Die Lösungen und der Prozess sollten nach einigen Definitionen zusätzlich validiert werden.

Für die Arbeitsdefinition müssen die neun Merkmale dieser Kategorie in wenigen Sätzen zusammengefasst werden: Die Mitarbeiter müssen dynamisch, durchdacht und innovativ vorgehen, damit sich ein nachhaltiges Produkt entwickeln kann und neue Anforderungen daraus erwachsen können. Eine intensive Kollaboration von Mitarbeitern und Auftraggebern unterstützt die Produktentwicklung. Die Ergebnisse, die Arbeitsorganisation und deren Prozesse werden validiert.

4.2.2. Theorie abgeleitete Definition

In der Definition soll das Vorgehensmodell zunächst historisch und in der Komplexitätsmatrix eingebettet werden. Im Anschluss soll agile Softwareentwicklung anhand der gewonnenen Merkmale erklärt werden.

Die aus der Theorie abgeleitete Definition:

Die agile Softwareentwicklung ist ein iterativ-inkrementeller Ansatz für komplexe Software-Projekte. Dabei handelt es sich um einen mitarbeiterzentrierten Ansatz, der die Arbeitsqualität durch Autonomie, gute Beziehungen, Motivation, Unterstützung und Vertrauen erhöht. Dies soll zu erhöhter Zufriedenheit bei allen Beteiligten führen. Der Auftraggeber wird fest in den Entwicklungsprozess integriert. Die kleinen Entwicklerteams organisieren sich selbstständig und bestehen aus kompetenten interdisziplinären Mitarbeitern, die eine gemeinsame Vision vom Ergebnis teilen. Die Entwickler werden von ihrem Umfeld aktiv unterstützt und befinden sich in einem ständigen Lernprozess, bei dem sie ihre Arbeit regelmäßig reflektieren, um ihre Effizienz zu erhöhen. Die Anforderungen der Software werden durch aktive Anregung des Auftraggebers regelmäßig erforscht. Kleinere Änderungen sollten daher von der Softwareentwicklung eingeplant werden und jederzeit möglich sein. Mittels zeitlich kurzer Iterationen wird die Arbeitsorganisation flexibler und die Effektivität erhöht. Darüber hinaus soll zusammen mit der Auswahl richtiger Praktiken, regelmäßiger Reflektionen, Disziplin und Einfachheit eine effiziente Entwicklung auf unbegrenzte Zeit ermöglicht werden. An die kurzen Iterationen sind auch die Auslieferungen gebunden, die ebenso regelmäßiges Feedback vom Auftraggeber und den frühzeitigen Einsatz der Software ermöglichen. Dabei soll funktionierende Software ausgeliefert werden, die aufgrund ihrer hohen Qualität wertvoll, nützlich und einsatzbereit ist. Die Mitarbeiter müssen dafür dynamisch, durchdacht und innovativ vorgehen, damit sich ein nachhaltiges Produkt entwickeln kann und neue Anforderungen daraus erwachsen können. Eine intensive Kollaboration von Mitarbeitern und Auftraggebern unterstützt die Produktentwicklung. Die Ergebnisse, die Arbeitsorganisation und deren Prozesse werden validiert. Schwergewichtige bürokratische Prozesse und Dokumentationen müssen bewusst in den Hintergrund gestellt, nicht aber vernachlässigt, werden.

4.2.3. Alleinstellungsmerkmale der agilen Softwareentwicklung

Die Analyse der Merkmale zeigt, dass viele Ansätze und Eigenschaften vorheriger Vorgehensmodelle von der agilen Softwareentwicklung übernommen wurden. In diesem Abschnitt sollen die Merkmale vorheriger Vorgehensmodelle von den gesammelten Merkmalen der agilen Softwareentwicklung abgezogen werden, welche in der historischen

Aufarbeitung aus 2.2.1 identifiziert werden konnten, um letztendlich die Alleinstellungsmerkmale der agilen Softwareentwicklung identifizieren zu können. Dazu werden die Merkmale zunächst innerhalb ihrer Kategorien analysiert.

Mitarbeiterzentriert

In der Geschichte der Softwareentwicklung rückte die *Zufriedenheit der Mitarbeiter* in der späteren iterativ-inkrementellen Entwicklung zunehmend in den Fokus. Sherer, Kouchakdjian und Arnold (1996) untersuchten die Auswirkungen von Cleanroom und haben die Zufriedenheit der Mitarbeiter als wichtigen Faktor für die Qualität der Software identifiziert. Cleanroom selbst beschreibt den Mitarbeiterumgang nicht weiter. Die agile Softwareentwicklung erklärt diesen Umgang detailliert und geht auf Themen wie Autonomie, Motivation, Unterstützung, den Umgang untereinander und weitere Aspekte ein.

Zwischen 1980 und 1990 gehen die Ansätze von der iterativ-inkrementellen Entwicklung fließend in die agile Entwicklung über, sodass nicht genau gesagt werden kann, ob bspw. die Autonomie der Mitarbeiter für agile Methoden angedacht waren oder aber für ein weiteres iterativ-inkrementelles Vorgehensmodell. In jedem Fall beschreibt die agile Softwareentwicklung die Entwicklerorientierung als erstes Vorgehensmodell konkreter.

Zusammenarbeit

Die Zusammenarbeit der Mitarbeiter und die mit dem Auftraggeber spielen spätestens seit Einführung der iterativen Entwicklung eine große Rolle für Lernprozesse, Feedback und die damit verbundene Verifikation und Validierung der Ergebnisse. Die Einbindung von Auftraggebern für Feedback wird seit der iterativen Entwicklung praktiziert. Der dadurch entstehende Lernprozess ebenso. Mit der iterativ-inkrementellen Entwicklung wurde die Kommunikation intensiviert. Im späteren Verlauf wurden die Fähigkeiten der Mitarbeiter mit der Vorstellung des Spiralmodells im Sinne einer interdisziplinären Lösungsfindung als Faktor beschrieben.

Die agile Softwareentwicklung beschreibt die Zusammenarbeit deutlich enger als Kollaboration. Weiterhin wird die Organisation der Teams näher damit beschrieben, dass sich eher kleinere, interdisziplinäre Teams mit kompetenten Mitarbeitern selbstorganisieren sollen. Bis auf das Detail kleiner Teamgrößen und evtl. die Selbstorganisation der Teams sind die Ansätze allerdings nicht neu.

Anpassungen

Anpassungen und die Reaktion auf Änderungswünsche waren das Hauptproblem sequentieller Entwicklungsmodelle, die letztendlich zur Softwarekrise führten. Seit der Einführung der iterativen Entwicklung wurden bis weit in die iterativ-inkrementelle Entwicklung hinein Ansätze vorgestellt, die eben solche Anpassungen und Änderungswünsche in der laufenden Entwicklung ermöglichen. Die Softwareentwicklung war seitdem adaptiv, akzeptierte Änderungen, erkannte und nahm diese an, begrüßte, ermöglichte und ergriff sie gar im Sinne eines Lernprozesses. Die agile Softwareentwicklung betont jedoch die Wichtigkeit kurzer, gleichmäßiger Iterationen, wobei dieser Ansatz mit dem Spiralmodell in einem ähnlichen Zeitraum entstand und nicht exakt zugeordnet werden kann.

Arbeitsorganisation

Die Arbeitsorganisation der Entwicklung basiert hauptsächlich auf den Ansätzen einer iterativ-inkrementellen Entwicklung (Larman & Basili, 2003) und daher wird der Entwicklungsprozess mittels Iterationen und Inkrementen beschrieben. Die agile Entwicklung hebt jedoch auch hier kurze iterative Zyklen hervor und strebt eine maximale Flexibilität unter einem strukturierten Vorgehen an. Ebenso betont die agile Softwareentwicklung die Einfachheit, also das nur Aufgaben bearbeitet werden sollten, die auch wichtig sind. Zusätzliche Leistungen werden abgelehnt. Darüber hinaus beschreibt die agile Entwicklung die Auswahl geeigneter Praktiken erstmals als einen Faktor, der bislang in keinem vorherigen Vorgehensmodell thematisiert wurde.

Auslieferung

Die iterative Entwicklung sah erstmals mehrfache Auslieferungen vor. Mit der iterativ-inkrementellen Entwicklung wurde die Auslieferung hochfrequenter und ermöglichte damit bereits frühzeitiges Feedback. Die agile Softwareentwicklung steuert bezüglich der Auslieferungen keine neuen Ideen bei.

Bürokratie

Seit der iterativ-inkrementellen Entwicklung wurden die bürokratischen Begleitprozesse der Softwareentwicklung optimiert. Die agile Softwareentwicklung behielt dies bei und fügte keine neuen Ideen hinzu.

Ergebnis

Das Ergebnis der Softwareentwicklung sollte schon in der iterativen Entwicklung immer funktionierende Software sein, die folglich ausgeliefert werden kann. In der späteren Entwicklung des iterativ-inkrementellen Vorgehensmodells rückte die Qualität der Ergebnisse noch stärker in den Fokus.

Die agile Softwareentwicklung behielt auch dies bei, ergänzte aber, dass vor allem nützliche Software produziert werden sollte. Damit distanziert sich die agile Softwareentwicklung z.B. von der Erstellung funktionsloser Prototypen, die vom Auftraggeber nicht eingesetzt werden können.

Lösungsprozess

Mit der iterativen Entwicklung wurde eine Antwort auf die Probleme der Softwarekrise gesucht. Die Softwareentwicklung produzierte viele unbrauchbare Ergebnisse und die iterative Entwicklung integrierte daher einen Lernprozess. Dieser Lernprozess zielte darauf ab, die Anforderungen des Auftraggebers besser kennenzulernen. Die Entwicklung musste dynamisch auf Anforderungsänderungen reagieren, mittels Feedback die Herausbildung neuer Anforderungen unterstützen und diese neuen Anforderungen über nachfolgende Produktgenerationen evolutionär entwickeln.

Die agile Softwareentwicklung nutzt einen solchen Lernprozess ebenfalls, beschreibt aber die Nutzung innovativer Methoden und beschränkt die Lösungsfindung auf kleine und medium-große Systeme.

Alleinstellungsmerkmale

Abbildung 12 hebt die Alleinstellungsmerkmale der agilen Softwareentwicklung hervor und graut die adaptierten Merkmale und Ansätze vorheriger Modelle durch Abgleich mit der historischen Aufarbeitung aus.

Merkmale	Kategorie	Gruppe	Oberkategorie
Zufriedenheit, Autonomie, Beziehungen, Entwicklerorientiert, Motivation, Vertrauen	**Mitarbeiterzentriert**	Individuen	Agile Softwareentwicklung
Einbindung, Fokus / Orientierung, Rückmeldung, (Austausch von Rollen), Cross-Funktional, Kleine Teams, Kollaboration, Kommunikation, Kompetenz, (Selbstorganisierende Teams), Teamwork, Lernprozesse	**Zusammenarbeit**		
Adaptiv, Akzeptieren, Anerkennen, Annehmen, Begrüßen, Durchhalten, Ergreifen, Ermöglichen, Initiieren, Flexibilität, Fokussieren, Klein und Kontinuierlich, Konstant, Manövrierfähigkeit, Reaktion	**Anpassungen**	Softwareentwicklung	
Kurze Zeitrahmen, kurze Zyklen, Einfachheit, Effektivität, Effizienz, Inkrementell, Iterativ, Auswahl richtiger Praktiken	**Arbeitsorganisation**		
Frühzeitig, (Konstant), (Regelmäßig), Schnell, *Time-to-market*	**Auslieferung**		
Leichtgewichtig, Dokumentation	**Bürokratie**		
Funktionierende Software, hohe Qualität, hoher Business Value, Nützlichkeit	**Ergebnis**		
Dynamisch, Emergenz, Evolutionär, Innovativ, Kleine und Medium-Systeme	**Lösungsprozess**		

Abbildung 12: Alleinstellungsmerkmale agiler Softwareentwicklung.

4.3. Zusammenfassung

Die Identifikation der Alleinstellungsmerkmale der agilen Softwareentwicklung zeigt eindrücklich, dass die meisten Ansätze der iterativ-inkrementellen Entwicklung übernommen wurden. Die aus der Theorie abgeleitete Definition ist mehr als drei Mal so groß wie die bisher umfangreichste Definition agiler Softwareentwicklung von Nerur und Balijepally (2007), da sie einerseits mehr Merkmale enthält und andererseits strukturiert über die acht gefundenen Kategorien definiert wird. Sie beinhaltet bisher nur Merkmale aus der Literatur und wird daher nicht als umfassende, sondern lediglich als eine aus der Theorie abgeleitete Definition behandelt. Erkenntnisse und Merkmale aus der Praxis, gewonnen über Experteninterviews, sollen der Definition zu ihrem finalen Stand verhelfen. Auf diese Interviews wird im nächsten Kapitel näher eingegangen.

5. Interviews

In diesem Kapitel wird das methodische Vorgehen des quantitativen Interviews erläutert und die gewonnenen Ergebnisse werden vorgestellt. Dies beinhaltet die Erläuterung der Methode, die Rekrutierung der Teilnehmer, die Beschreibung der Stichprobe und des Materials, die Durchführung der Erhebung, die Betrachtung der Gütekriterien und potenzieller Störeinflüsse und das Vorgehen bei der statistischen Auswertung der Daten. Anschließend werden die Ergebnisse dargestellt, die in einer finalen Arbeitsdefinition münden. Das Kapitel schließt mit einer Zusammenfassung ab.

5.1. Methode

Das Ziel des Interviews war es, praxisbezogene Erkenntnisse über agile Softwareentwicklung zu gewinnen. Dafür wurde ein voll-strukturierter und nicht-standardisierter Interviewleitfaden auf Basis der Literaturanalyse erstellt, um mündliche Experteninterviews (vgl. Gläser & Laudel, 2010) in Form von Telefoninterviews führen zu können. Der Einsatz dieses Leitfadens sollte nach Mayring (2001) zunächst an einem Test-Teilnehmer erprobt werden, um mögliche Schwierigkeiten zu identifizieren. Bei dem Test-Teilnehmer handelte es sich um eine wissenschaftliche Mitarbeiterin, die den Untersuchungsgegenstand und die agile Entwicklung an der Universität unterrichtet. Der Leitfaden wurde nach diesem Probeinterview um wenige Fragen ergänzt. Ebenso wurden einige Fragen als optional gekennzeichnet, damit diese übersprungen und die wichtigeren Daten in jedem Fall erhoben werden können, wenn die angesetzte Zeit andernfalls überschritten werden würde. Diese optionalen Fragen dienten lediglich der besseren Interpretation der Ergebnisse. Der vollständige Interview-Leitfaden ist in Anhang C zu finden, bei dem die optionalen Fragen grau hervorgehoben und links daneben jeweils als optional gekennzeichnet sind.

Die Teilnahme wurde deutschlandweit in Form eines Telefoninterviews angeboten, damit die Teilnehmer zeitlich und örtlich flexibel teilnehmen konnten. Die Antworten wurden jeweils handschriftlich in dem dafür vorgesehen Platz unter bzw. neben den Fragen eingetragen. Die Gespräche wurden nicht aufgezeichnet, da dies die Teilnahme hinsichtlich aktueller Datenschutzgesetze um entsprechende Einverständniserklärungen komplizierter gestaltet hätte. Die Antworten der Teilnehmer wurden stattdessen in Form von Aussagen auf einem ausgedruckten Leitfaden notiert. Bei dieser Mitschrift wurde gemäß Clausen (2012) drauf geachtet, dass Ausdrücke, Begriffe und Phrasen vom Teilnehmer übernommen wurden, damit die Reliabilität, Validität und Transparenz des Interviews nicht beeinträchtigt wird.

Anschließend wurden diese Antworten in einer nach den Fragen aufgebauten Tabelle für die computergestützte Auswertung mittels Microsoft Excel 2016 digitalisiert.

5.1.1. Rekrutierung der Teilnehmer

Für das Interview wurden gezielt Teilnehmer gesucht, die Erfahrung mit agiler Softwareentwicklung haben. Diese Zielgruppe ist überwiegend in IT Unternehmen, Unternehmensberatungen und Forschungseinrichtungen zu finden. Jedoch ist diese Zielgruppe nicht direkt in Verzeichnissen zu finden, sodass über Online-Suchmaschinen, Webseiten agiler Communities, sowie Firmen- und sozialen Netzwerken recherchiert wurde. Insgesamt wurden 82 Wissenschaftler und Unternehmenskontakte per Email oder über die Kontaktformulare der Netzwerke angeschrieben, die auf ihrer Internetpräsenz angegeben haben, in diesem Bereich zu forschen, selbst agil zu entwickeln oder zu agiler Softwareentwicklung zu beraten. Zusätzlich dazu wurden Teilnehmer über Firmen- und sozialen Netzwerken akquiriert. Für die Akquise wurden Informationen zum Telefoninterview dargestellt, die Anreize für den Teilnehmer aufgezeigt und auf die ungefähre Dauer verwiesen.

Von den 82 Kontaktaufnahmen meldeten sich 63 (77 %) nicht zurück. Drei Kontakte (4 %) lehnten eine Teilnahme aktiv ab. 16 Kontakte (20 %) waren interessiert, von denen jedoch sechs (7 %) auch auf mehrmalige Erinnerungen nicht mehr reagierten. Letztendlich nahmen 10 Kontakte (12 %) erfolgreich am Interview teil. Die Antworten des Test-Teilnehmers wurden in der Auswertung ebenfalls verwertet, da der Leitfaden nach dem Probeinterview lediglich um wenige weitere Fragen ergänzt wurde und sich keine Frage änderte. Dies erhöhte die Stichprobe auf elf Teilnehmer.

Bezüglich der geringen Stichprobengröße, decken laut einer Studie von Marshall, Cardon, Poddar und Fontenot (2013) zur Stichprobengröße qualitativer Interviews 6 - 12 Teilnehmern bereits bis zu 92 % der Erkenntnisse ab, wobei eine Stichprobengröße von ca. 13 Teilnehmern nahezu 100 % der Erkenntnisse abbildet. Es ist entsprechend davon auszugehen, dass auch mit der vorliegenden Stichprobe von 11 Teilnehmern ein Großteil der Erkenntnisse gewonnen werden konnte. Es folgt eine genauere Beschreibung dieser Stichprobe.

5.1.2. Stichprobe

Die Interviewteilnehmer waren im Durchschnitt 33.45 Jahre alt (SD = 8.72) und haben alle mindestens einen Bachelorabschluss. Sie arbeiten überwiegend direkt in der IT als Entwickler, Produktmanager, Teamleiter, in der IT-Forschung oder als IT Consultant für durchschnittlich 4.77 Jahre (SD = 5.29) in ihrer aktuellen Position bei Arbeitgebern mit durchschnittlich 120

Beschäftigten (*SD* = 160). Der Arbeitsplatz der Befragten lag in einer der vier Großstädte Berlin, Köln, Hannover oder Nürnberg. Die Befragten berieten, entwickelten oder forschten insgesamt betrachtet über alle Branchen und Softwareprodukte hinweg.

Bis auf zwei Teilnehmer haben alle bereits für durchschnittlich 5.45 Jahre (*SD* = 7.54) in der Softwareentwicklung gearbeitet. Alle Teilnehmer schätzten ihre Erfahrung in der Softwareentwicklung auf einer Skala von 1 (*sehr gering*) bis 5 (*sehr hoch*) dabei im Schnitt mit 3.45 (*SD* = 1.13) als mittelmäßig mit Tendenz zu hoch ein. Um zu überprüfen, ob die Teilnehmer auch Erfahrung in der agilen Softwareentwicklung haben, wurde gefragt, ob und wie viele Jahre Erfahrung die Teilnehmer haben. Eine Verneinung hätte den Ausschluss des Teilnehmers aus der Auswertung zur Folge gehabt. Die Frage wurde von allen Befragten bejaht und sie gaben im durchschnittlich 5.14 Jahre (*SD* = 2.98) Erfahrung an. Auf einer Skala von 1 (*sehr gering*) bis 5 (*sehr hoch*) beurteilten die Teilnehmer ihre Erfahrung mit agiler Softwareentwicklung dabei durchschnittlich mit 4.09 (*SD* − 0.54) als hoch. Dazu wurde abgefragt, ob die Teilnehmer Erfahrung in der Projektorganisation haben, was alle bejahten und im Durchschnitt angegeben haben, 5.64 Jahre (*SD* = 4.61) mit der Projektorganisation beauftragt gewesen zu sein.

Es kann also davon ausgegangen werden, dass es sich bei dieser Stichprobe um Teilnehmer handelt, die sich gut mit der agilen Softwareentwicklung auskennen. Ihr Wissen über agile Softwareentwicklung beziehen die Teilnehmer dabei nach eigenen Aussagen von keinen speziellen Quellen und nutzen dafür verfügbare Literatur, fachbezogene Webseiten, Workshops, Weiterbildungen, Kollegengespräche, wissenschaftliche Publikationen und weitere Möglichkeiten.

5.1.3. Material

Das Telefoninterview wurde mit einem voll-strukturierten und nicht-standardisierten Interviewleitfaden durchgeführt, der speziell für diese Studie erstellt wurde. Der Leitfaden besteht aus 37 Fragen mit offenen und geschlossenen Fragen. Zu Beginn wurden soziodemografische Daten erhoben, anschließend die Erfahrungen und das Wissen der Teilnehmer in der IT, gefolgt von spezifischen Fragen zur agilen Softwareentwicklung Insgesamt deckte der Leitfaden mehrere Themen ab, die in Abbildung 13 dargestellt sind.

Soziodemografische Daten	Wissen und Erfahrung	Definition agiler Softwareentwicklung
•Alter des Teilnehmers •Standort des aktuellen Arbeitgebers •Softwareart die der aktuelle Arbeitgeber entwickelt •Absolvierte Ausbildungen •Bisherige Berufspositionen •Aktuelle Position und Beschäftigungszeit	• Bekanntheit von Vorgehensmodellen • Abgrenzung von häufig verwendeten Begriffen • Bekanntheit agiler Frameworks, Methoden und Praktiken • Erwerb von Wissen (Quellen) • Selbsteinschätzungen der Erfahrung • Erfahrungsangaben in Jahren (Softwareentwicklung, agile Softwareentwicklung, Projektorganisation)	• Eigenständige Definition • Definition über Zuordnung und Gewichtung von Aspekten

Einsatz agiler Softwareentwicklung	Persönliche Einstellung	Projektorganisation
• Gründe für und gegen den Einsatz • Herausforderungen und Barrieren • Vorschläge zur Beseitigung von Hindernissen • Vorgaben für den Einsatz • Nutzung von Frameworks, Methoden und Praktiken	• Bevorzugtes Vorgehensmodell • Meinung zur agilen Softwareentwicklung	• Beurteilung der Projektkomplexität • Vertragsgestaltung und Probleme • Projekterfolg • Abschluss- und Abnahmekriterien

Abbildung 13: Themenbereiche des selbsterstellten Interviewleitfadens.

Dieser umfangreiche Interviewleitfaden beinhaltet aufgrund seiner Größe eine Unterteilung in wichtige und optionale Fragen. Diese optionalen Fragen können immer dann übersprungen werden, wenn der zeitlich vereinbarte Rahmen von 60 Minuten andernfalls überschritten werden würde. Optionale Fragen stammen hauptsächlich aus den Themengebieten der persönlichen Einstellung und der Projektorganisation, deren fehlende Antworten die Beantwortung der Fragestellungen nicht beeinträchtigen.

Jede Frage bot unmittelbar darunter entsprechenden Platz bzw. Möglichkeiten, die Antworten schriftlich festzuhalten. Die Interviewzeit wurde über eine Stoppuhr beobachtet, um den zeitlich vereinbarten Rahmen einzuhalten.

5.1.4. Durchführung

Nach erfolgreicher Rekrutierung erfolgte die terminliche Absprache des Interviews, zu dem der Teilnehmer angerufen und interviewt werden kann. Zu Beginn des Interviews wurde der Teilnehmer begrüßt und mit einem Einleitungstext über den Ablauf und Zweck des Interviews aufgeklärt. Ebenso wurde darauf hingewiesen, dass die erhobenen Daten anonym behandelt und ausgewertet werden, sodass nach dem Interview kein Rückschluss auf den Teilnehmer oder seinen Arbeitgeber möglich ist. Der Teilnehmer konnte zu Beginn bereits Fragen stellen, um

Unklarheiten zu beseitigen. Wenn der Teilnehmer bereit war, wurde mit den soziodemografischen Fragen begonnen. Es folgten Fragen zur Erfahrung des Teilnehmers, die mit einer ersten Definition agiler Softwareentwicklung abschlossen. Im Anschluss daran wurden Wissensfragen gestellt, die auf das Verständnis von Vorgehensmodellen aus der Softwareentwicklung und die Abgrenzung wichtiger Begriffe abzielten. Danach sah der Intervierleitfaden vor, dass der Teilnehmer allgemeine Merkmale von Vorgehensmodellen der agilen Softwareentwicklung zuordnet und die Wichtigkeit bestimmter Merkmale für die agile Softwareentwicklung bestimmt. Die nächsten Fragen bezogen sich auf den Einsatz agiler Softwareentwicklung, wobei der Fokus auf den Nutzungsgründen lag und wann der Einsatz abgelehnt wird. Unabhängig davon wurden mögliche Herausforderungen und Barrieren erfragt, die dem Einsatz einer agilen Softwareentwicklung entgegenstehen können und welche Möglichkeiten ergriffen werden könnten, um diese zu beseitigen. Der richtige Einsatz von Vorgehensmodellen ist nach der Stacey-Matrix vor allem an die Komplexität des Projektes geknüpft, weswegen drei Fragen folgten, mit denen einerseits festgestellt werden soll wie bzw. wie genau die Komplexität von Projekten beurteilt wird und andererseits, ob die Teilnehmer wissen, dass die Komplexität des Projektes auch einen Einfluss auf die Auswahl und den Einsatz eines Vorgehensmodells hat. Zur Unterstützung der Ergebnisinterpretation folgten optionale Fragen zur Vertragsgestaltung, zur Messung des Projekterfolgs und entsprechenden Abnahmekriterien. Als letzte Frage wurde der Teilnehmer gebeten, erneut eine Definition von agiler Softwareentwicklung abzugeben. Das der Teilnehmer bereits vor der Thematisierung der agilen Softwareentwicklung eine entsprechende Definition abgeben sollte, hatte den Grund, dass der Teilnehmer sein eigenes Vokabular nutzen und nicht durch Begriffe beeinflusst werden sollte, die in den folgenden Fragen oder Erklärungen des Leitfadens genannt wurden. Die abschließende Frage, agile Softwareentwicklung erneut zu definieren, gab dem Teilnehmer die Möglichkeit, die agile Softwareentwicklung mit einem umfassenderen Vokabular und den genannten Fachbegriffen definieren zu können. Mithilfe beider Definitionen sollte das Verständnis des Teilnehmers von agiler Softwareentwicklung besser abgebildet werden. Der Interviewleitfaden endete nach dieser Frage mit einer Verabschiedung. Die erhobenen Daten wurden nach dem Interview in eine Excel-Tabelle[11] übertragen, um diese nach Abschluss aller Erhebungen auswerten zu können.

---

[11] Dazu wurde Microsoft Excel 2016 verwendet.

5.1.5. Kontrolle von Störfaktoren

Die Durchführung der Telefoninterviews geht mit allgemeinen und spezifischen Störfaktoren einher, von denen der Effekt der sozialen Erwünschtheit, Verständnisprobleme, Ablenkungen des Teilnehmers, Zeitdruck und Versuchsleitereffekte kontrolliert wurden.

Zur Reduktion von sozialer Erwünschtheit, wurde mehrfach auf die Anonymität des Teilnehmers hingewiesen und an die Ehrlichkeit bei der Beantwortung der Fragen appelliert. Die Meinung der Teilnehmer wurde ohne Kommentare und Bewertungen aufgenommen. Sämtliche Fragen wurden offen formuliert. Bei der Konstruktion des Interviewleitfadens wurde darauf geachtet, dass die Fragen nicht suggestiv, sondern offen gestellt werden. Erwünschtheitsbeurteilungen sind nach Hartmann (1991) vor allem bei Fragen zu kontrollieren, die nach Zustimmung oder Ablehnung fragen. Auf ein solches Antwortformat wurde bei der Konstruktion der Fragen weitestgehend verzichtet. Um soziale Erwünschtheit weiter zu reduzieren, mussten sämtliche Fragen mit Ja/Nein Antwortformat nachfolgend begründet werden.

Um Verständnisproblemen vorzubeugen, wurde jedem Teilnehmer bereits zu Beginn des Interviews angeboten, jederzeit Rückfragen stellen zu können. Darüber hinaus wurden viele Begriffe entweder direkt im Fragetext oder aber im Anschluss erläutert, sofern das für die Beantwortung dieser oder folgender Fragen relevant war. Die Abgrenzung der Begriffe Vorgehensmodell, Framework, Methode und Praktik wurde über eine standardisierte Erklärung erläutert, sofern die Abgrenzung nicht in vollem Umfang vom Teilnehmer möglich war. Dadurch sollte sichergestellt werden, das nachfolgende Fragen richtig verstanden werden.

Die Umgebung des Teilnehmers konnte nicht direkt kontrolliert werden. Jeder Teilnehmer wurde jedoch eingangs gefragt, ob er sich in einer ruhigen Umgebung aufhält, die Lautstärke des Gesprächs angenehm ist und dies für einen Zeitraum von den vereinbarten maximalen 60 Minuten auch gehalten werden kann. Darüber hinaus konnte der Umgebungslärm durch den Interviewer gehört und beobachtet werden, um das Gespräch ggf. auf einen anderen Ort zu verschieben.

Auf die Dauer des Interviews wurde bereits in der Einladung hingewiesen. Die Teilnehmer wurden auch bei der Terminfindung erneut darauf hingewiesen, entsprechend Zeit einzuplanen. Zu Beginn des Interviews wurde jeder Teilnehmer ebenso gefragt, ob die Zeit für das folgende Interview zur Verfügung steht. Während des Interviews wurde strikt auf die Einhaltung der Zeit geachtet, die durch den Interviewer mit dem Überspringen optionaler Fragen auch eingehalten werden konnte, ohne Zeitdruck auf den Teilnehmer auszuüben.

Der voll-strukturierte und nicht-standardisierte Interviewleitfaden wurde immer vom selben Interviewer für alle Interviews genutzt. Das hatte zum Ziel, mögliche Versuchsleitereffekte in der Durchführung zu kontrollieren. In der Auswertung des Interviewleitfadens, welcher im weiteren Verlauf dieses Kapitels transparent beschrieben wird, wurde auf eine argumentative Interpretationsabsicherung geachtet, um Versuchsleitereffekte in der Auswertung zu minimieren.

5.1.6. Beurteilung der Gütekriterien

Für die Beurteilung der Güte qualitativer Studien sollten nach Mayring (2002) die Güterkriterien *Verfahrensdokumentation, argumentative Interpretationsabsicherung, Regelgeleitetheit, Nähe zum Gegenstand, kommunikative Validierung* und *Triangulation* anstelle der klassischen Gütekriterien betrachtet werden.

Die Verfahrensdokumentation ist ein wichtiges Gütekriterium, welches die Transparenz des Vorgehens widerspiegelt. Diese Dokumentation soll sicherstellen, dass die Studie ordnungsgemäß durchgeführt wurde und das Verfahren entsprecht überprüft werden kann. Die Verfahrensdokumentation umfasst die Darstellung des Vorverständnisses, die Konstruktion des Erhebungsinstruments, die Versuchsdurchführung, sowie die Analyse der Daten und deren Auswertung. Das Vorverständnis wird in dieser Arbeit mit der Theorie dargestellt. Die Konstruktion und die Inhalte des Interviewleitfadens werden zusammen mit der Analyse und Auswertung der Daten in diesem Kapitel erläutert.

Die gewonnenen Daten werden anhand der Theorie transparent diskutiert. Durch dieses theoriegeleitete argumentative Vorgehen ist das Gütekriterium der argumentativen Interpretationsabsicherung erfüllt.

Die Analyse der Daten läuft nach expliziten Regeln ab, die jeweils in der Methodik beschrieben werden. Durch diese Regelgeleitetheit soll ein Vergleich der Ergebnisse zwischen mehreren Quellen gewährleistet sein und die Nachvollziehbarkeit des Vorgehens unterstützt worden.

Die Nähe zum Gegenstand bezieht sich auf die inhaltliche Nähe des Erhebungsinstruments zur Theorie der Arbeit. Der Leitfaden ist speziell für den Zweck der Arbeit konstruiert wurden, um die Fragestellungen unmittelbar zu beantworten. Die Antworten aus dem Interview können größtenteils direkt zur Beantwortung der Fragestellungen verwendet werden. Somit wird die Nähe zum Gegenstand als Gütekriterium erfüllt.

Die kommunikative Validierung soll als Gütekriterium sicherstellen, dass der Interviewer die Antworten des Interviewten richtig interpretiert. Um dieses Gütekriterium zu erfüllen, werden die einzelnen Themenbereiche des Leitfadens durch mehrere allgemeine und spezifische Fragen abgedeckt. Darüber hinaus konnte der Interviewer jederzeit nachfragen, damit eine Antwort richtig interpretiert wird.

Mayring (2010) schlägt vor, Fragestellungen mittels mehrerer Methoden zu untersuchen, was als Triangulation bezeichnet wird. In dieser Arbeit wurde über eine Datentriangulation, also der Verwendung mehrerer verschiedener Quellen, sichergestellt, dass Schwächen, Probleme und Biases einzelner Quellen ausgeglichen werden (vgl. Brown, 2001). Beispielsweise wurde die Arbeitsdefinition aus den agilen Manifesten, vielen veröffentlichten Definitionen, wissenschaftlichen Veröffentlichungen sowie den Interviewdaten konstruiert. Zur Beantwortung der Fragestellungen wurden ebenso mehrere verschiedene Methoden genutzt, um das Gütekriterium der Methodentriangulation zu erfüllen, wodurch in erster Linie die Validität der Ergebnisse verbessert wurde (vgl. Denzin, 1970). Zu den verwendeten Methoden zählten die Literaturanalyse und die Durchführung von Telefoninterviews.

5.1.7. Auswertung

Die meisten Daten des Interviewleitfadens können deskriptiv ausgewertet werden. Die Definitionen der Teilnehmer über agile Softwareentwicklung und Aspekte, die den Teilnehmern sehr wichtig in Bezug zur agilen Softwareentwicklung sind, werden hingegen demselben Verfahren zur Gewinnung und Auswertung der Merkmale unterzogen, wie in Kapitel 3 beschrieben. Merkmale aus diesen Definitionen ergeben zusammen mit der vorläufigen die finale Arbeitsdefinition dieser Arbeit. Die genaue Auswertung der einzelnen Fragen des Interviewleitfadens ist in Abbildung 14 dargestellt:

Frage-Nr.	Themenbereich	Auswertung
1	Soziodemografisch	Mittelwert
2	Soziodemografisch	Durchschnittlicher Bildungsgrad, Gemeinsamkeiten
3	Soziodemografisch	Durchschnittliche Berufsposition, Gemeinsamkeiten
4	Soziodemografisch	Mittelwert
5	Soziodemografisch	Mittelwert
6	Soziodemografisch	Auflistung der Standorte
7	Wissen/Erfahrung	Mittelwert, Mittelwert
8	Wissen/Erfahrung	Durchschnittliche Art, Gemeinsamkeiten
9	Wissen/Erfahrung	Mittelwert (Skala: 1 – 5)
10	Wissen/Erfahrung	Mittelwert, Mittelwert
11	Wissen/Erfahrung	Mittelwert, Mittelwert
12	Wissen/Erfahrung	Mittelwert (Skala: 1 – 5)
13	Wissen/Erfahrung	Auflistung der Quellen
14	Definition	Eigenes Verfahren, Zusammen mit Nr.25 und Nr.37
15	Wissen/Erfahrung	Mittelwert
16	Wissen/Erfahrung	Häufigkeiten, Zusammen mit Nr.17
17	Wissen/Erfahrung	Häufigkeiten, Zusammen mit Nr.16
18	Wissen/Erfahrung	Mittelwert, Auflistung der Frameworks
19	Wissen/Erfahrung	Auflistung der Methoden
20	Wissen/Erfahrung	Auflistung der Praktiken
21	Pers. Meinung	Mittelwert: Tendenz (Positiv = 1, Negativ = 0)
22	Pers. Meinung	Mittelwert: Tendenz, Auflistung der Gründe
23	Definition	Häufigkeiten (JA = 1, NEIN = 0)
24	Definition	Mittelwert (Skala: 0 – 3), Stacey-Matrix
25	Definition	Eigenes Verfahren, Zusammen mit Nr.14 und Nr.37
26	Einsatz	Mittelwert, Auflistung der Vorgaben
27	Einsatz	Auflistung der Gründe
28	Einsatz	Auflistung der Gründe
29	Einsatz	Auflistung der Herausforderungen, Barrieren und Lösungen
30	Einsatz	Auflistung der Vorgehensweisen
31	Einsatz	Auflistung der wichtigen Aspekte
32	Pers. Meinung	Mittelwert (Ja = 1, Nein = 0), Auflistung der Gründe
33	Projektorganisation	Mittelwert (Skala: 0 – 2), Auflistung der Vertragsinfos
34	Projektorganisation	Auflistung der Messmethoden
35	Projektorganisation	Auflistung der Begründungen
36	Projektorganisation	Mittelwert, Auflistung der Abnahmekriterien
37	Definition	Eigenes Verfahren, Zusammen mit Nr.14 und Nr.26

Abbildung 14: Fragen des Interviewleitfadens

5.2. Ergebnisse

In diesem Abschnitt werden die Ergebnisse des Interviews dargestellt. Der soziodemografische Teil wurde bereits zu Beginn dieses Kapitels in der Stichprobenbeschreibung ausgewertet und beschrieben.

5.2.1. Kenntnisse, Wissen, Erfahrungen und Modelle in der Softwareentwicklung

Die Teilnehmer kannten sich nach eigenen Angaben bereits gut mit agiler Softwareentwicklung aus. Für eine tiefergehende Wissensabfrage wurde nach der Abgrenzung der spezifischen Begriffe Vorgehensmodell, Framework, Methode und Praktik gefragt. Die korrekte Abgrenzung gelang nur knapp der Hälfte der Befragten (54,54 %). Ebenso konnten die Befragten nur wenige Vorgehensmodelle auf Anhieb nennen, wie Abbildung 15 zeigt.

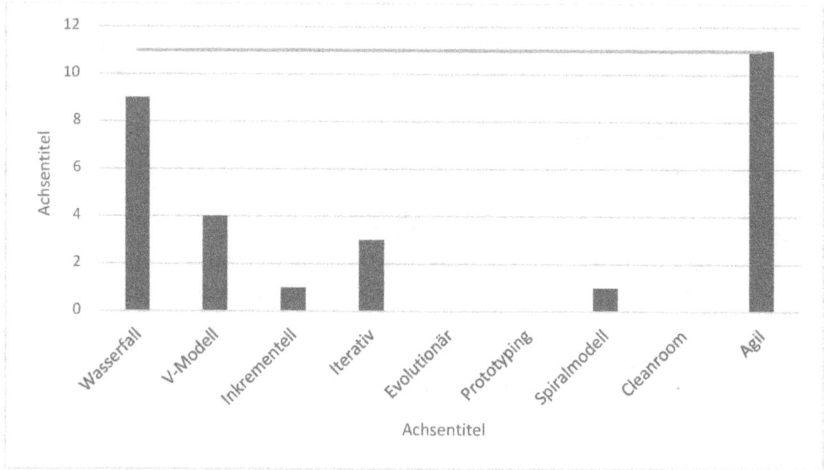

Abbildung 15: Vorgehensmodelle, die auf Anhieb genannt werden konnten (n = 11).

Im nächsten Schritt wurden die Teilnehmer noch einmal Vorgehensmodell für Vorgehensmodell gefragt, ob ihnen dies bekannt ist. Abbildung 16 zeigt, welche Vorgehensmodelle den Teilnehmern bekannt sind.

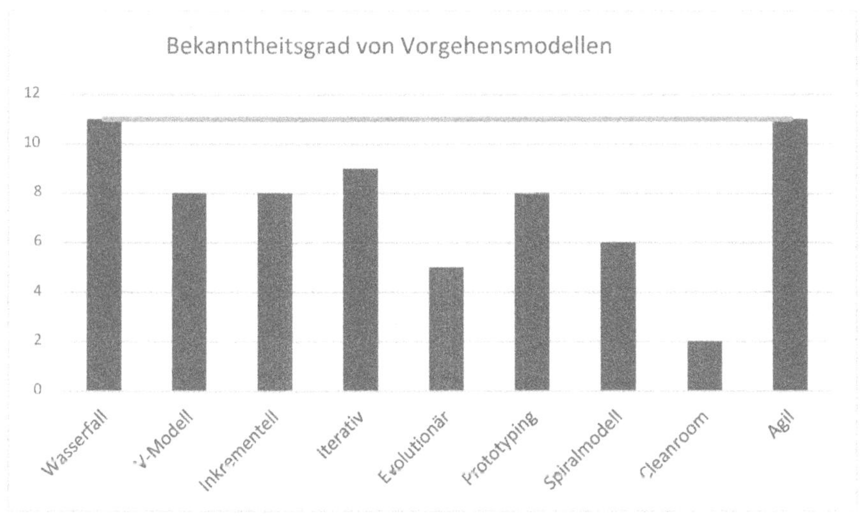

Abbildung 16: Bekanntheit von Vorgehensmodellen innerhalb der Stichprobe (n = 11).

Im Anschluss wurden die Teilnehmer gefragt, ob sie mit Frameworks arbeiten und welche Frameworks, Methoden oder Praktiken sie kennen. Alle Befragten nutzen agile Frameworks, jedoch geben die Teilnehmer an, hauptsächlich Scrum und Kanban zu kennen. Abbildung 17 zeigt die genannten Frameworks und die Häufigkeit ihrer Nennung.

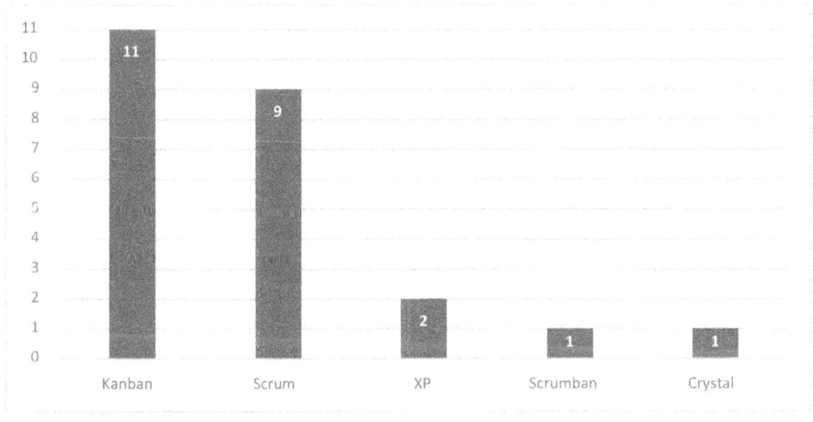

Abbildung 17: Genannte Frameworks und die Häufigkeit ihrer Nennung.

Auf die nächste Frage, welche agilen Methoden die Teilnehmer kennen, gaben die Teilnehmer an, hauptsächlich XP und die Crystal Methoden zu kennen. Abbildung 18 zeigt die genannten Methoden und die Häufigkeit ihrer Nennung.

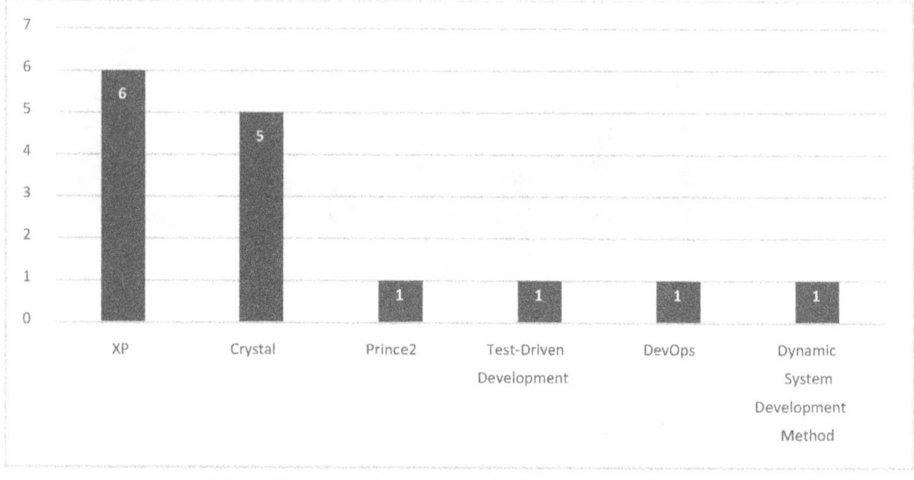

Abbildung 18: Genannte Methoden und die Häufigkeit ihrer Nennung.

Im Anschluss wurde gefragt, welche agilen Praktiken die Teilnehmer kennen. Abbildung 19 zeigt die genannten Praktiken und die Häufigkeit ihrer Nennung.

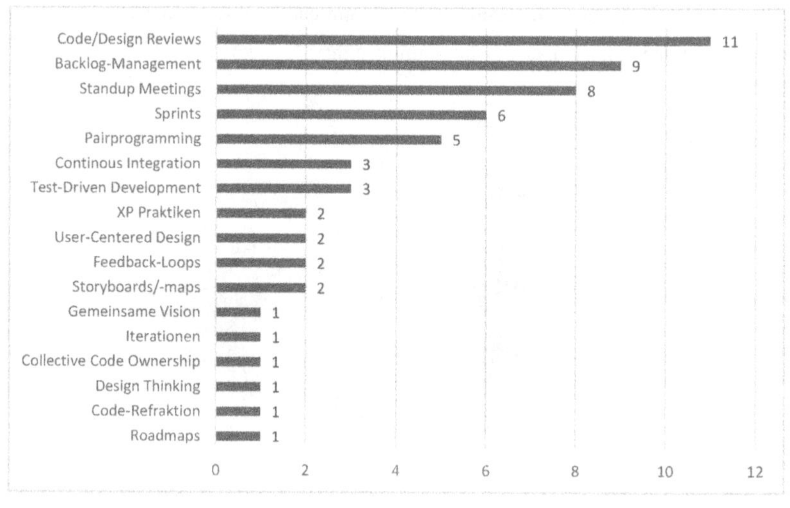

Abbildung 19: Genannte Praktiken und die Häufigkeit ihrer Nennung.

5.2.2. Einsatz, Abschluss und Verträge agiler Softwareentwicklung

Ob die agile Softwareentwicklung nur für interne, nur für externe oder aber für alle Projekte genutzt wird, gehört zu den optionalen Fragen, die nur von der Hälfte der Teilnehmer beantwortet wurde. Fünf der sechs befragten Teilnehmer gaben an, dass sie die agile Softwareentwicklung für externe und interne Projekte nutzen. Ein Teilnehmer gab an, dass die agile Softwareentwicklung ausschließlich für externe Projekte genutzt wird.

Dabei nannten die Teilnehmer unterschiedliche Gründe, die für einen Einsatz agiler Softwareentwicklung sprechen. Am häufigsten wurde genannt, dass das Ergebnis ein nützliches Produkt ist, weil die agile Softwareentwicklung enge Rücksprachen mit dem Auftraggeber darüber hält, was gewünscht ist. Weitere Gründe waren, dass auf Änderungen reagiert werden kann, aufgrund der kurzen Entwicklungszyklen schnell Lösungen generiert werden, sich die Teams selbst organisieren können, eine ressourcenschonende Entwicklung aufgrund effizienter Prozesse stattfindet, die Stakeholder zufriedener sind als bei anderen Vorgehensmodellen, der Mitarbeiter im Zentrum steht, die Prozesse leichtgewichtig sind, das Risiko gering ist, die Produktivität hoch ist, die Mitarbeiterkultur sehr gut ist und das flache Hierarchien vorherrschen. Diese Gründe sind mit der Häufigkeit ihrer Nennung in Abbildung 20 aufgelistet.

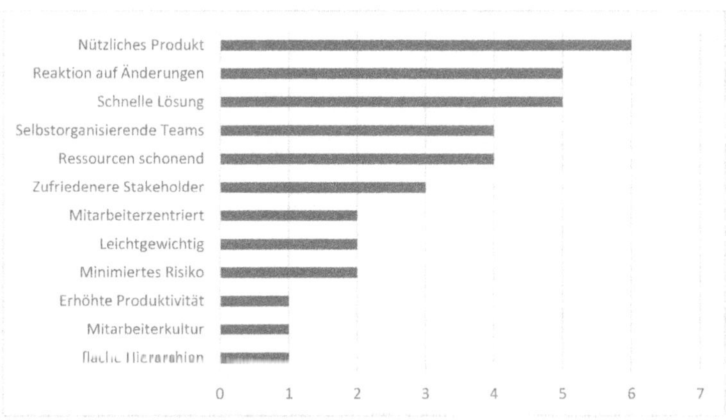

Abbildung 20: Genannte Gründe, die für den Einsatz agiler Softwareentwicklung sprechen und die Häufigkeit ihrer Nennung (n = 11).

Gründe, die aus Sicht der Teilnehmer gegen einen Einsatz agiler Softwareentwicklung sprechen, sind mit der Häufigkeit ihrer Nennung in Abbildung 21 aufgelistet. Dabei wurde am häufigsten angegeben, dass viele Vorgaben ein Hinderniss für eine agile Softwareentwicklung darstellen. Weitere genannte Gründe waren, dass nicht alle Projekte mit agilen Methoden entwickelt werden können, eine falsche Umsetzung agiler Methoden problematisch sein kann, ebenso wie zu große oder zu kleine Teams, die Verschlossenheit von Mitarbeitern, Kommunikationsprobleme, Verwendung unpassender Methoden und Praktiken, sowie, dass eine agile Entwicklung ungeeignet für sicherheitskritische Projekte sei. Mangelnde oder fehlende Vertrautheit mit agiler Softwareentwicklung wurde ebenso problematisch angegeben, wie zu viele Regeln, falsche Unternehmenskulturen und Mitarbeiterkonflikte.

Abbildung 21: Genannte Gründe, die gegen den Einsatz agiler Softwareentwicklung sprechen und die Häufigkeit ihrer Nennung (n = 11).

Besondere Herausforderungen und Barrieren im Einsatz agiler Softwareentwicklung sind nach Angaben der Teilnehmer die Firmenstruktur bzw. das Firmenmodell und deren Kultur, der Wechsel von traditionellen Vorgehensmodellen hin zu agiler Softwareentwicklung, das Auflösen von Hierarchien, Umorganisieren von Teams, agile Softwareentwicklung als Mindset zu etablieren, was ein Umdenken erfordert, zu große Teams und zu viele Absprachen. Diese Herausforderungen betreffen verschiedene Bereiche und hauptsächlich die eigene agile Softwareentwicklung.

Als mögliche Lösungen dieser Herausforderungen gaben die Teilnehmer an, bei einem Wechsel auf agile Softwareentwicklung alle Stakeholder mit einzubeziehen, viel zu kommunizieren um Ängste, Unsicherheiten und Berührungsängste zu nehmen, dazu viel Transparenz, Verständnis und Vertrauen. Der richtige Umgang sollte dabei vorgelebt werden. Die Teams sollten sich in kleinen Gruppen selbstorganisieren können, ohne im Stich gelassen zu werden. Alle Mitarbeiter sollten für diese Arbeitsorganisation speziell geschult werden.

Unter dieser neuen Organisation möchten jedoch nicht immer alle Mitarbeiter arbeiten. Schließlich kann dieses Umdenken niemandem aufgezwungen werden. Für das Change-Management gab ein Teilnehmer an, man solle „mit Leuten anfangen, die das gerne machen", was nach Erfahrung eines weiteren Teilnehmers auf ca. 20 % der Mitarbeiter zutrifft. Diese begeistern anschließend einen Großteil der noch skeptischen Belegschaft. Die Mitarbeiter sollten zu Beginn auch nicht mit großen Projekten überfordert werden, sondern in mehreren Schritten von kleinen Projekten zu Größeren herangeführt werden.

Dieser Kulturwandel hat auch starke Auswirkungen auf das Management, welches flachere Hierarchien schaffen sowie die Mitarbeiter und Auftraggeber in ihrer Zusammenarbeit unterstützen sollte. Ein Teilnehmer hob hervor, dass das Management dafür bewusst einen Teil seiner Macht aufgeben müsse. Darüber hinaus sollten die agilen Methoden sorgfältig ausgewählt werden und eine auf das Unternehmen maßgeschneiderte agile Entwicklung angestrebt werden.

Bei einer funktionierenden agilen Softwareentwicklung sollte auch allen Auftraggebern ein entsprechendes Grundwissen über die Prozesse vermittelt werden. Um den Auftraggeber und seine Bedürfnisse besser verstehen zu können, empfiehlt ein Teilnehmer, diese durch Business Analysen zu erforschen.

Die genannten Herausforderungen und deren Lösungsvorschläge werden in Abbildung 22 dargestellt.

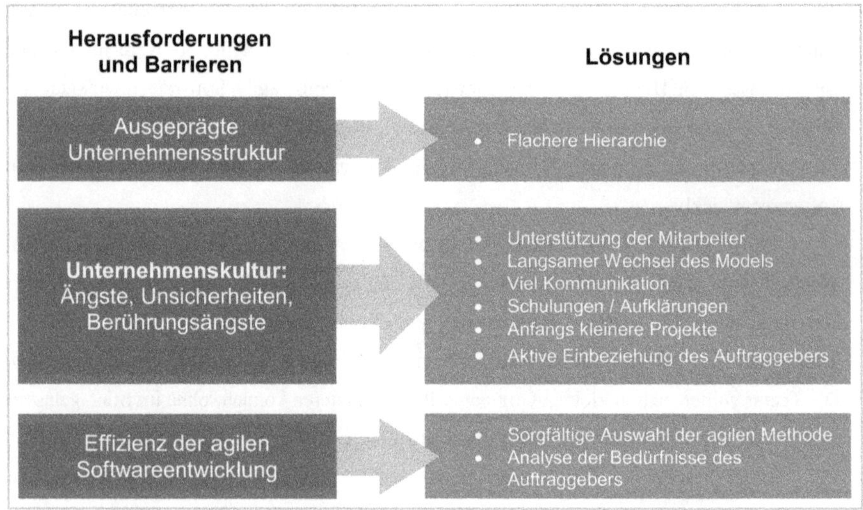

Abbildung 22: Genannte Herausforderungen/Barrieren und deren Lösungsvorschläge.

5.2.3. Komplexität

Alle bis auf einen Teilnehmer finden, dass die Komplexität des Projektes einen Einfluss auf die Auswahl eines Vorgehensmodells hat. Die Mehrheit der Befragten ist sich jedoch uneinig darüber, ob sich die agile Softwareentwicklung eher für einfache, eher für komplexe oder aber für alle Komplexitätsstufen von Projekten eignet.

Die Teilnehmer gaben überwiegend an, die Komplexität eines Projektes subjektiv einzuschätzen. Objektive Methoden, wie *CoCoMo*[12], wurden auf Nachfrage aktiv abgelehnt, weil die Basis dieser Methoden die Erfahrung ist und damit auch wieder ein subjektives Maß darstellt. Letztendlich sei die subjektive Einschätzung der Komplexität auf Basis der Erfahrung für die Befragten ausreichend. Für diese Einschätzungen wurden unterschiedliche eigene Methoden genannt, die vielfach gemein hatten, dass sie einen Großteil der Mitarbeiter um ihre Erfahrungen befragen.

---

[12] CoCoMo, von engl. *Constructive Cost Model*, ist ein von Boehm (1981) vorgestelltes algorithmisches Kostenmodell zur Schätzung der Aufwands- und Entwicklungskosten von Software.

Auf welche Faktoren die Teilnehmer dabei genau achten, ist in Abbildung 23 zusammen mit den Häufigkeiten der Nennungen aufgelistet.

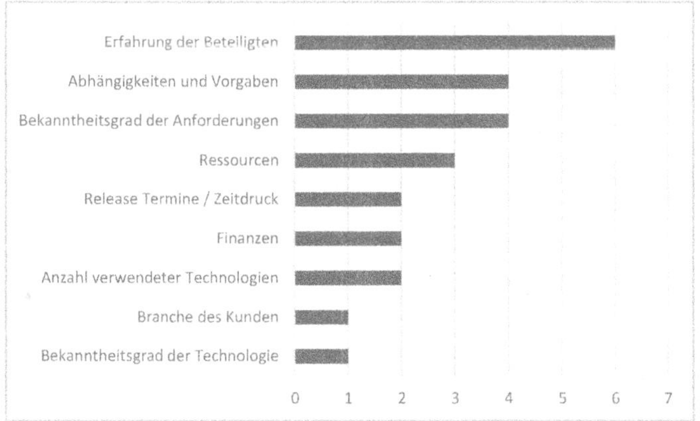

Abbildung 23 Wichtige Faktoren bei der Bestimmung der Komplexität mit der Häufigkeit ihrer Nennung.

Da die Komplexität aufgrund ungenauer Anforderungen und sich eventuell entwickelnder Herausforderungen nicht exakt bestimmen lässt, werden unter anderem entsprechend flexiblere Verträge benötigt, die der Entwicklung einen großen Handlungsspielraum einräumen. Zu viele Vorgaben können die Entwicklung letztendlich in ihrem Lösungsprozess lähmen. Diese Umstände müssen in der Vertragsgestaltung berücksichtigt werden (Broy, & Kuhrmann, 2013). Die Teilnehmer gaben überwiegend an, dies vertraglich über Festpreismodelle bzw. Pauschalen zu regeln. Dabei kann ein fester Preis für ein bestimmtes Feature, eine bestimmte Anzahl an Entwicklerstunden oder für einen Budget-Rahmen vereinbart werden. Als weitere Möglichkeit wurde genannt, dass nach Aufwand abgerechnet werden kann. Lediglich ein Teilnehmer gab an, dass das unbekannte Start- und Enddatum des Projektes ein Problem in der Vertragsgestaltung darstellen kann.

5.2.4. Abschluss und Erfolg von Projekten agiler Softwareentwicklung

An dieser Stelle muss erwähnt werden, dass Projekte in der agilen Softwareentwicklung als Produkte betrachtet werden, deren Entwicklung in der Theorie unendlich weitergeführt werden kann. Ein Prinzip aus dem agilen Manifest von 2001 beschreibt dies als Entwicklung auf unbestimmte Zeit. Die agile Softwareentwicklung besteht jedoch aus sich wiederholenden Phasen des SDLC's und schließt bei näherer Betrachtung mehrfach mit einem Produkt bzw. einer neuen Version ab, die auch direkt ausgeliefert wird. An dieser Stelle findet häufig eine Qualitätssicherung statt, welche konkrete Abnahmekriterien benötigt und auch den Abschluss und Erfolg eines Projektes ermittelt.

Ob die Teilnehmer konkrete Abnahmekriterien definieren, wurde als optionale Frage an lediglich sieben Teilnehmer gestellt. Davon gaben fünf Befragte an, bestimmte Abnahmekriterien zu definieren. Im Rahmen einer fachlichen Abnahme achtet die Qualitätssicherung nach Angabe der Teilnehmer hauptsächlich darauf, dass alle festgelegten Anforderungen funktionstüchtig und fehlerfrei umgesetzt wurden.

Der Abschluss des Projektes erfolgt laut derselben sieben Teilnehmer unter ganz bestimmten Bedingungen. Zum einen gilt das Projekt vorerst als abgeschlossen, sobald alle Anforderungen entwickelt und abgenommen wurden bzw. keine weiteren Anforderungen vom Auftraggeber genannt werden. Zum anderen kann ein Projekt an vereinbarte Grenzen, wie der Ausschöpfung vertraglich vereinbarter Ressourcen stoßen oder aber vorzeitig vom Auftraggeber beendet werden.

Der Erfolg eines Projektes ist abhängig vom entwickelten Produkt. Die Zufriedenheit des Auftraggebers wird in dem Zusammenhang aber von fünf der sieben Befragten als wichtigster Erfolgsindikator genannt. Weiterhin werden die terminliche Einhaltung und ein optimaler Ressourceneinsatz als wichtige Indikatoren erwähnt.

5.2.5.   Persönliche Einstellung zu agiler Softwareentwicklung

Alle Befragten finden die agile Softwareentwicklung prinzipiell gut. Jedoch relativierte der Großteil der Teilnehmer diese Aussage damit, dass es darauf ankäme, wie die agile Softwareentwicklung umgesetzt wird und, dass sie sich nicht pauschal für jeden Fall eignet.

Wenn sich die Befragten aber aussuchen könnten, mit welchem Vorgehensmodell sie ein Projekt bearbeiten, dann würden sich alle bis auf einen Teilnehmer für eine agile Softwareentwicklung entscheiden. Dazu gaben jedoch fünf der zwölf befragten Teilnehmer an, dass sie den Einsatz trotzdem vom genauen Projekt und den Umständen abhängig machen.

5.2.6.   Definition agiler Softwareentwicklung

Jeder Teilnehmer sollte bestimmte Merkmale, die aus der historischen Aufarbeitung im Rahmen der Literaturanalyse gewonnen wurden, danach beurteilen, ob diese der agilen Softwareentwicklung zuzuordnen sind oder nicht. Dabei handelte es sich um die folgenden 15

Merkmale: Inkrementell, Iterativ, sequenzieller Verlauf, Evolutionär, starke Nutzereinbindung, starke Einbindung des Auftraggebers, schnelle Auslieferung, adaptive Programmierung, geringer Planungsaufwand, detaillierte Zeitpläne, Lernprozess, Gemeinsame Vision, Mitarbeiter, Budget-Umfang-Dauer und selbstorganisierende Teams. Abbildung 24 zeigt die Zustimmungen der Teilnehmer in Bezug zu den Merkmalen.

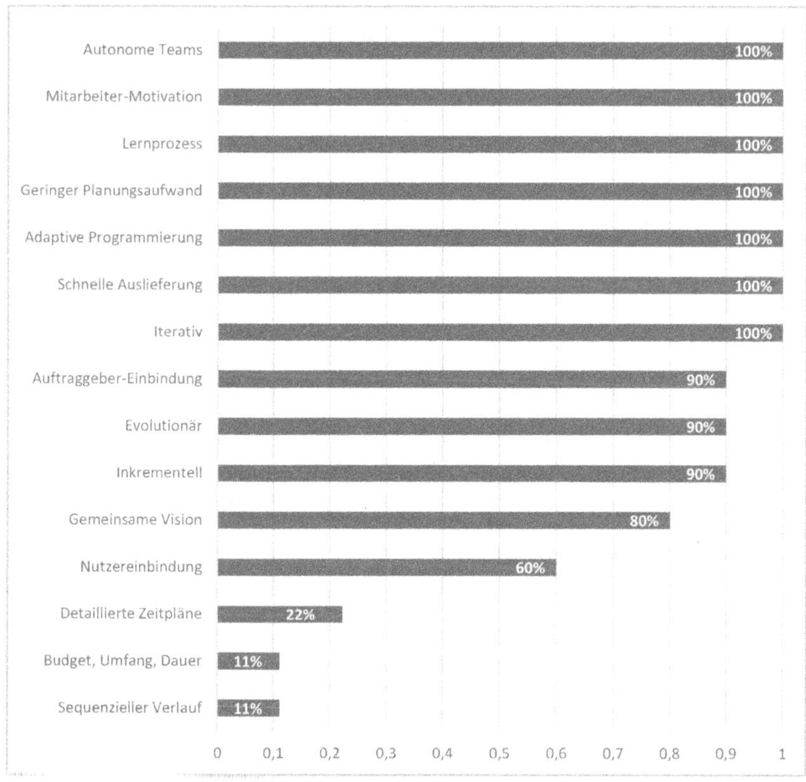

Abbildung 24: Merkmale von Vorgehensmodellen, die von den Teilnehmern zur agilen Softwareentwicklung zugeordnet wurden.

Im Anschluss wurden die Teilnehmer darum geben, die Wichtigkeit von acht bestimmten Aspekten anhand einer Skala (*Gar nicht = 0, Wenig/Niedrig = 1, Mittel = 2, Stark/Hoch = 3*) zu bewerten. Sämtliche Aspekte bezogen sich auf die agile

Softwareentwicklung. Die gemittelten Bewertungen der Teilnehmer sind zusammen mit ihrer Standardabweichung in Abbildung 25 dargestellt.

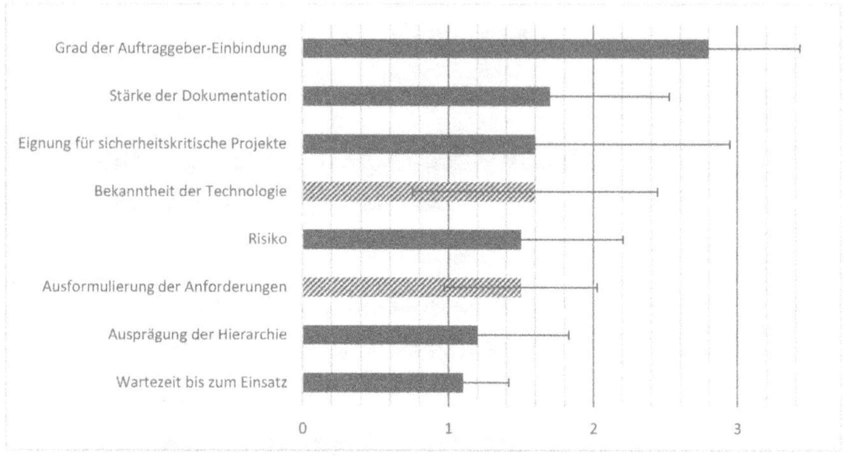

Abbildung 25: Bewertung von Aspekten agiler Softwareentwicklung.
(Gar nicht = 0, Wenig/Niedrig = 1, Mittel = 2, Stark/Hoch = 3)

Zwei Aspekte bezogen sich näher auf die Einordnung agiler Softwareentwicklung in der Stacey-Matrix (in Abbildung 25 schraffiert dargestellt). Die Teilnehmer sollten zu Beginn bewerten, wie stark die Anforderungen des Projektes zu Beginn bekannt sein müssen bzw. dürfen. Im Mittel ordneten die Teilnehmer die Ausformulierung der Anforderungen bei 1.5 ein ($SD = 0.53$), was auf der Skala wenig bis mittel entspricht. Der zweite Aspekt bezog sich darauf, wie stark die Technologie zur Umsetzung zu Beginn bekannt sein muss bzw. darf. Hier ordneten die Teilnehmer die Bekanntheit der Technologie bei 1.6 ein ($SD = 0.84$), was auf der Skala ebenfalls wenig bis mittel entspricht. Diese Werte sind auf der Stacey-Matrix als invertiert zu betrachten, da eine starke Ausformulierung der Anforderungen auf der Stacey-Matrix den Ursprung darstellt, ebenso wie ein hoher Bekanntheitsgrad bei der zu verwendenden Technologie. Die folgende Abbildung 26 visualisiert die Bewertungen der Teilnehmer in der Stacey-Matrix, die den Punkt markieren, an dem die Teilnehmer im Durchschnitt die agile Softwareentwicklung einordnen würden. Die Größe des Bereiches stellt zwei Standardabweichungen der Beurteilungen auf der entsprechenden Achse dar.

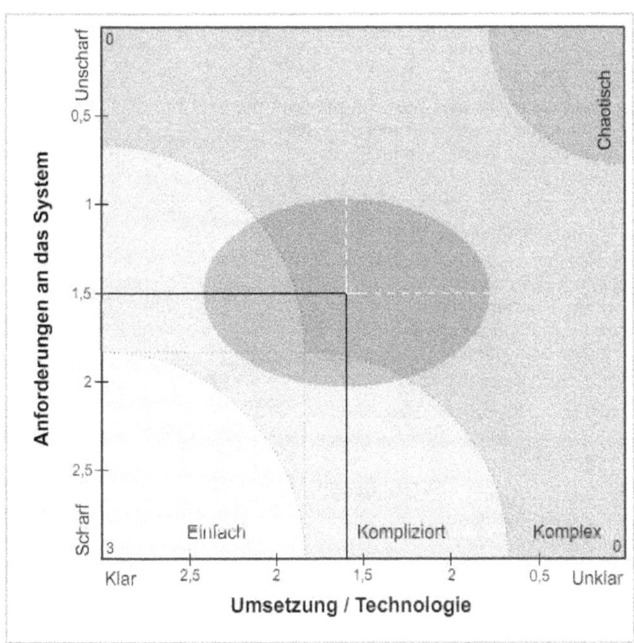

Abbildung 26: Bewertung des Bekanntheitsgrades der
Systemanforderungen und der Technologie von den Teilnehmern.

Aus den Definitionen der Teilnehmer und deren Angaben der wichtigsten Aspekte wurden insgesamt 60 Merkmale extrahiert und aufbereitet. Die folgende Abbildung 27 zeigt diese Merkmale.

Merkmale	Kategorie		
Autonomie, Entwicklerorientiert, Mut, Offenheit, Respekt, Transparenz, Verantwortungsübergabe, Vertrauen, Verzicht auf Macht, Wenig Ego, Selbstverpflichtung	**Mitarbeiterzentriert**	Individuen	Agile Softwareentwicklung
Feedback, Gemeinsame Vision, Interdisziplinäre Teams, Kollaboration, Kommunikation, Kundeneinbindung, Kundennah, Kundenorientiert, Kundenzentriert, Nutzerzentriert, Selbstorganisierende Teams, Teamwork, flache Hierarchien, Unterstützung	**Zusammenarbeit**		
Flexibel, Frühzeitig, Möglichkeit, Reaktion, Spontan	**Anpassungen**	Softwareentwicklung	
Effizienz, Einfachheit, Inkrementell, Iterativ, Auswahl geeigneter Praktiken, Ressourcenschonend, Schnell	**Arbeitsorganisation**		
Frühzeitig, Regelmäßig, Schnell	**Auslieferung**		
Leichtgewichtig	**Bürokratie**		
Nützlichkeit, Risikominimiert	**Ergebnis**		
Emergenz, Empirisch, Evolutionär, für alle Systeme geeignet, Reviews, Validierung, Reflektion, Verbesserungsprozess	**Lösungsprozess**		

Abbildung 27: Merkmale, die aus den Interview-Antworten extrahiert wurden.

Zur Bildung der aus der Praxis abgeleiteten Definition, werden alle gefunden Merkmale aus den Interviews als gleichwertig betrachtet, auch wenn sie nicht alle von jedem Teilnehmer in dessen Definitionen genannt wurden. Für die Arbeitsdefinition ist es wichtig, dass die Merkmale und ihre Bedeutung für die agile Softwareentwicklung näher betrachtet werden, um weiter an Struktur gewinnen zu können. Dazu werden im Folgenden alle Kategorien mit Ihren Merkmalen einzeln analysiert.

Mitarbeiterzentriert

Die Teilnehmer heben in ihren Definitionen den Stellenwert der beteiligten Individuen besonders hervor und beschrieben das Verhalten der Mitarbeiter detailliert. Die agile

Softwareentwicklung ist demnach ein entwicklerorientierter Ansatz, da die Mitarbeiter maßgeblich für die Qualität der Ergebnisse verantwortlich sind. Dazu verpflichten sich die Mitarbeiter selbst dazu, gute Arbeit zu leisten, Verantwortung zu übernehmen und die Zusammenarbeit anstelle von Alleingängen zu leben. Probleme sollen offen angesprochen werden können, was auch Mut fordert. Das Unternehmensklima soll entsprechend durch Vertrauen, Offenheit, Transparenz und Respekt geprägt sein. Das Management sollte den Befragten nach bewusst auf Macht verzichten, nicht zuletzt um die Autonomie der Mitarbeiter zu unterstützen.

Für die Arbeitsdefinition müssen die elf Merkmale dieser Kategorie in wenigen Sätzen zusammengefasst werden: Bei der agilen Softwareentwicklung handelt es sich um einen entwicklerzentrierten Ansatz, der die Arbeitsqualität durch gute Zusammenarbeit, Selbstverpflichtung, Autonomie, guter Fehlerkultur, sowie einem offenen, transparenten und respektvollen Unternehmensklima erhöht.

Zusammenarbeit

Die Teilnehmer beschreiben die Zusammenarbeit zwischen den Beteiligten einer agilen Softwareentwicklung zum Zweck des Feedbacks. Sie gehen detailliert auf den Umgang mit dem Auftraggeber ein. Der Auftraggeber spielt eine zentrale Rolle und sollte daher in den Entwicklungsprozess eingebunden werden. Die Entwicklung sollte sich am Auftraggeber orientieren und auch die Nutzer der Software nicht außer Acht lassen.

Die Entwickler organisieren sich selbst in interdisziplinären Teams, haben eine gemeinsame Vision vom Ziel und werden durch flache Hierarchien und Vorgesetzte in ihrer Arbeit unterstützt. Alle Beteiligten kollaborieren miteinander, um ein gemeinsames Ziel zu erreichen.

Für die Arbeitsdefinition müssen die 14 Merkmale dieser Kategorie in wenigen Sätzen zusammengefasst werden: Der Auftraggeber wird fest in den Entwicklungsprozess integriert. Die Entwicklerteams organisieren sich selbstständig und bestehen aus interdisziplinären Mitarbeitern, die eine gemeinsame Vision vom Ergebnis teilen. Die Entwickler werden durch flache Hierarchien und von ihrem Umfeld in ihrer Arbeit unterstützt.

Anpassungen

Die Softwareentwicklung ist flexibel und ermöglicht auch spontane Änderungen. Durch frühzeitiges Feedback und Validierung durch den Auftraggeber soll bereits von Anfang sichergestellt werden, dass der Auftraggeber auch ein nützliches Produkt bekommt.

Für die Arbeitsdefinition müssen die fünf Merkmale dieser Kategorie in wenigen Sätzen zusammengefasst werden: Frühzeitige Auslieferungen sollen für Feedback durch den Auftraggeber sorgen, welches wiederum flexibel und auch spontan als Änderung aufgenommen werden kann.

Arbeitsorganisation

Das grundsätzliche Vorgehen der Softwareentwicklung soll nach Angaben der Teilnehmer iterativ-inkrementell sein. Durch die Auswahl geeigneter Praktiken soll die Entwicklung insgesamt schnell, effizient und dadurch ressourcenschonend sein. Ebenso sollten nur die Aufgaben bearbeitet werden, die auch wichtig sind, mit dem Ziel, eine hohe Effektivität zu erlangen.

Für die Arbeitsdefinition müssen die sieben Merkmale dieser Kategorie in wenigen Sätzen zusammengefasst werden: Die agile Softwareentwicklung ist ein iterativ-inkrementeller Ansatz. Durch Einfachheit und die Auswahl geeigneter Praktiken ist die Entwicklung insgesamt schnell, effizient und dadurch wiederum ressourcenschonend.

Auslieferung

Die Auslieferung der Software soll frühzeitig Feedback vom Auftraggeber ermöglichen und nach Angaben der Teilnehmer auch regelmäßig und schnell.

Für die Arbeitsdefinition müssen die drei Merkmale dieser Kategorie in wenigen Sätzen zusammengefasst werden: Mittels schneller, frühzeitiger und regelmäßiger Auslieferungen soll Feedback vom Auftraggeber ermöglicht und eingeholt werden.

Bürokratie

Die Teilnehmer beschreiben die Prozesse der Softwareentwicklung als leichtgewichtigen Prozess, womit sie ausführliche Planungen in den Hintergrund stellen, wobei in dem Zusammenhang häufig auf den Dokumentationsumfang verwiesen wird.

Für die Arbeitsdefinition muss das eine Merkmal dieser Kategorie in wenigen Sätzen zusammengefasst werden: Schwergewichtige bürokratische Prozesse sollen bewusst in den Hintergrund gestellt werden.

Ergebnis

Das Ergebnis soll nach Angaben der Teilnehmer vor allem nützlich sein. Die regelmäßigen Auslieferungen sollen dazu beitragen, dass Risiko zu minimieren, dass der Auftraggeber ein Ergebnis bekommt, das keinen Nutzen hat.

Für die Arbeitsdefinition müssen die zwei Merkmale dieser Kategorie in wenigen Sätzen zusammengefasst werden: Dabei soll die regelmäßige Auslieferung durch die Anregung von Feedback das Risiko minimieren, dass keine nützliche Software produziert wird.

Lösungsprozess

Damit das Ergebnis nützlich ist und die Softwareentwicklung auf Veränderungen reagieren kann, sollte der Entwicklungsprozess auch nach Meinung der Teilnehmer eine Lösungsfindung beinhalten. Diese empirische Lösungsfindung wird demnach vor allem durch die Auslieferungen und die Entwicklungsarbeit unterstützt. Durch die regelmäßigen Auslieferungen können sich neue Anforderungen herausbilden, bestehende Anforderungen können validiert werden und so entwickeln sich die Lösungen insgesamt evolutionär und über die Produktgenerationen. Reviews und Reflexionen von Seiten der Entwickler sollen darüber hinaus den Lösungsfindungsprozess verbessern.

Für die Arbeitsdefinition müssen die acht Merkmale dieser Kategorie in wenigen Sätzen zusammengefasst werden: Regelmäßige Auslieferungen ermöglichen die Validierung der Ergebnisse und unterstützen das Finden von Lösungen durch die Anregung zur Herausbildung neuer Anforderungen.

5.2.7.   Praxis abgeleitete Definition

Die agile Softwareentwicklung soll auf Basis der aus den Interviews gewonnen Merkmale und definieren werden.

Die aus der Praxis abgeleitete Definition:

Die agile Softwareentwicklung ist ein iterativ-inkrementeller und entwicklerzentrierter Ansatz, der die Arbeitsqualität durch gute Zusammenarbeit, Selbstverpflichtung, Autonomie, Fehlerkultur, sowie einem offenen, transparenten und respektvollen Unternehmensklima erhöht. Der Auftraggeber wird fest in den Entwicklungsprozess integriert. Die Entwicklerteams organisieren sich selbstständig und bestehen aus interdisziplinären Mitarbeitern, die eine gemeinsame Vision vom Ergebnis teilen. Die Entwickler werden durch flache Hierarchien und von ihrem Umfeld in ihrer Arbeit unterstützt. Mittels schneller, frühzeitiger und regelmäßiger Auslieferungen wird Feedback vom Auftraggeber ermöglicht und eingeholt, welches wiederum flexibel und auch spontan als Änderung aufgenommen werden kann. Diese regelmäßigen Auslieferungen ermöglichen die Validierung der Ergebnisse und minimieren dadurch das Risiko, dass keine nützliche Software produziert wird. Die Auslieferungen unterstützen ebenso das Finden von Lösungen durch die Anregung zur Herausbildung neuer Anforderungen. Durch Einfachheit und die Auswahl geeigneter Praktiken ist die Entwicklung insgesamt schnell, effizient und dadurch wiederum ressourcenschonend. Schwergewichtige bürokratische Prozesse werden bewusst in den Hintergrund gestellt.

5.2.8. Alleinstellungsmerkmale der agilen Softwareentwicklung

In diesem Abschnitt sollen die Merkmale vorheriger Vorgehensmodelle von den gesammelten Merkmalen aus den Interviews abgezogen werden, um die Alleinstellungsmerkmale der agilen Softwareentwicklung identifizieren zu können. Dazu werden die Merkmale innerhalb ihrer Kategorien zunächst analysiert.

Mitarbeiterzentriert

Die Teilnehmer beschreiben mit ihren Definitionen bereits sehr detailliert, wie das Unternehmensklima auf Seite der Entwicklung aussehen soll. Die Mitarbeiter sollen autonom und transparent handeln, sich selbst organisieren, Verantwortung übernehmen, mutig und offen sein, respektvoll miteinander umgehen und auf Macht und Egoismus verzichten. In dieser Tiefe beschreit keine Definition vorheriger Vorgehensmodelle den Umgang untereinander.

Zusammenarbeit

Die Zusammenarbeit mit dem Auftraggeber wird von den Teilnehmern hervorgehoben. Der Auftraggeber soll eingebunden werden, die Entwicklung folglich nah am Auftraggeber erfolgen und sich an diesem orientieren. Durch die Kollaboration mit dem Auftraggeber soll Feedback gewonnen werden. In der Entwicklung entsteht eine gemeinsame Vision vom Ergebnis, die Teams organisieren sich selbstständig und interdisziplinär und werden darin von ihren Vorgesetzten unterstützt. Flache Hierarchien verkürzen Entscheidungswege und geben die Verantwortung an die Mitarbeiter ab.

Die agile Softwareentwicklung beschreibt hier größtenteils iterativ-inkrementelle Ansätze. Dennoch werden die Selbstorganisation der Teams und die Betonung flacher Hierarchien erstmals genannt.

Anpassungen

Bezüglich der Anpassungen nennen die Teilnehmer Merkmale, die alle spätestens seit Einführung der iterativ-inkrementellen Entwicklung fest im Entwicklungsprozess integriert sind. Sie beschreiben das flexible, frühzeitige und ggf. spontane Reagieren auf Anforderungsänderungen.

Arbeitsorganisation

Die Entwicklung wird als ein schneller, effizienter und iterativ-inkrementell organisierter Prozess beschrieben. Durch die Auswahl geeigneter Praktiken und dem Fokus auf Einfachheit, soll insgesamt eine ressourcenschonende Entwicklung stattfinden.

Die Auswahl geeigneter Praktiken wird hier erstmals in der Definition eines Vorgehensmodells verwendet, ebenso das Ziel einer ressourcenschonenden Entwicklung, auch wenn dies stark an die Effizienz gekoppelt ist, welche schon in der iterativ-inkrementellen Entwicklung sehr hoch war.

Auslieferung

Die agile Softwareentwicklung steuert bezüglich der Auslieferungen keine neuen Ideen bei. Die Teilnehmer nannten hier eine frühzeitige, regelmäßige und schnelle Veröffentlichung.

Bürokratie

Seit der iterativ-inkrementellen Entwicklung wurden die bürokratischen Begleitprozesse der Softwareentwicklung optimiert. Den Teilnehmern nach übernahm die agile Entwicklung dies und fügte keine neuen Ideen hinzu

Ergebnis

Das Ergebnis der Softwareentwicklung sollte schon in der iterativen Entwicklung immer funktionierende Software sein, die folglich ausgeliefert werden kann. Die agile Softwareentwicklung behielt auch dies bei, ergänzte aber, dass vor allem nützliche Software produziert werden sollte. Damit distanziert sich die agile Softwareentwicklung z.B. von der Erstellung funktionsloser Prototypen, die vom Auftraggeber nicht eingesetzt werden können.

Lösungsprozess

Die agile Softwareentwicklung nutzt laut den Teilnehmern einen Lernprozess, um Lösungen zu finden. Dies wird bereits seit Einführung der iterativen Entwicklung vorgeschlagen und ist soweit kein neuer Ansatz. Die Teilnehmer beschreiben aber weiterhin, dass Lösungen für alle Systeme gefunden werden können und mittels Reviews und Reflexionen ein Verbesserungsprozess stattfindet, der die Softwareentwicklung effizienter macht.

Alleinstellungsmerkmale

Abbildung 28 hebt die Alleinstellungsmerkmale der agilen Softwareentwicklung hervor und graut die adaptierten Merkmale und Ansätze vorheriger Modelle aus, die in der historischen Aufarbeitung aus 2.2.1 identifiziert werden konnten.

Autonomie, Entwicklerorientiert, Mut, Offenheit, Respekt, Transparenz, Verantwortungsübergabe, Vertrauen, Verzicht auf Macht, Wenig Ego, Selbstverpflichtung	**Mitarbeiterzentriert**	**Individuen**	**Agile Softwareentwicklung**
Feedback, Gemeinsame Vision, Interdisziplinäre Teams, Kollaboration, Kommunikation, Kundeneinbindung, Kundennah, Kundenorientiert, Kundenzentriert, Nutzerzentriert, (Selbstorganisierende Teams), Teamwork, flache Hierarchien, Unterstützung	**Zusammenarbeit**		
Flexibel, Frühzeitig, Möglichkeit, Reaktion, Spontan	**Anpassungen**	**Softwareentwicklung**	
Effizienz, Einfachheit, Inkrementell, Iterativ, Auswahl geeigneter Praktiken, Ressourcenschonend, Schnell	**Arbeitsorganisation**		
Frühzeitig, Regelmäßig, Schnell	**Auslieferung**		
Leichtgewichtig	**Bürokratie**		
(Nützlichkeit), Risikominimiert	**Ergebnis**		
Emergenz, Empirisch, Evolutionär, für alle Systeme geeignet, Reviews, Validierung, Reflektion, Verbesserungsprozess	**Lösungsprozess**		

Abbildung 28: Alleinstellungsmerkmale agiler Softwareentwicklung.

5.2.9. Vergleich der Merkmale

Nachdem die Merkmale aus der Praxis abgeleitet, analysiert und zu einer praxisbezogenen Definition verarbeitet wurden, wird untersucht, ob und wo sich die Merkmale mit denen, die aus der Theorie abgeleitet wurden, überschneiden. Dafür werden die aus der Literaturanalyse gewonnenen Merkmale denen aus den Interviews in Abbildung 29 gegenübergestellt.

	Theorie-abgeleitete Merkmale	Überschneidung	Praxis-abgeleitete Merkmale
Mitarbeiterzentriert	Zufriedenheit, Beziehungen, Entwicklerorientiert, Motivation, Verhalten, Unterstützung der Individuen	Autonomie, Vertrauen	Entwicklerorientiert, Mut, Offenheit, Respekt, Transparenz, Verantwortungsübergabe, Verzicht auf Macht, wenig Ego, Selbstverpflichtung
Zusammenarbeit	Fokus / Orientierung, Austausch von Rollen, Kleine Teams, Kompetenz, Lernprozesse, Experten, Interaktionen, Kooperation	Einbindung, Selbstorganisierende Teams, Rückmeldung / Feedback, Interdisziplinäre Teams, Unterstützung der Zusammenarbeit, Gemeinsame Vision, Kollaboration, Teamwork, Kommunikation	Kundeneinbindung, Kundennah, Kundenorientiert, Kundenzentriert, Nutzerzentriert, flache Hierarchien
Anpassungen	Adaptiv, Akzeptieren, Anerkennen, Annehmen, Begrüßen, Durchhalten, Ergreifen, Ermöglichen, Initiieren, Fokussieren, Klein und Kontinuierlich, Konstant, Manövrierfähigkeit	Reaktion, Möglichkeit, Flexibilität	Frühzeitig, Spontan
Arbeitsorganisation	Effektivität, Disziplin, Reflexion, Unbegrenzte Entwicklungszeit	Inkrementell, Iterativ, Effizienz, Einfachheit, Auswahl von Praktiken, Kurze/schnelle Zyklen, Kurze Zeitrahmen	Ressourcenschonend
Auslieferung	Konstant, *Time-to-market*, Kontinuierlich	Frühzeitig, Regelmäßig, Schnell	
Bürokratie	Dokumentation	Leichtgewichtig	
Ergebnis	Funktionierende Software, hohe Qualität, hoher Business Value, Wertvoll	Nützlichkeit	Risikominimiert
Lösungsprozess	Dynamisch, Innovativ, Kleine und Medium-Systeme, Durchdacht, Nachhaltigkeit	Emergenz, Evolutionär, Empirisch, Validierung	Für alle Systeme geeignet, Reviews, Reflektion, Verbesserungsprozess
∑ Häufigkeiten	44 Merkmale	30 Merkmale	24 Merkmale

Abbildung 29: Vollständige Übersicht aller gefundenen Merkmale.

Diese Übersicht zeigt einerseits, dass die Literaturanalyse 20 Merkmale mehr hervorgebracht hat als die Interviews. Andererseits ergänzen die Merkmale beider Methoden die Vielfalt um feinere Details. Die Zusammenarbeit mit dem Kunden wird beispielsweise deutlich feiner von den Befragten aus den Interviews beschrieben, wohingegen die Literatur die Anpassungen sehr genau beschreibt. Insgesamt betrachtet, brachten die beiden Methoden keine entgegengesetzten Merkmale hervor, sondern ergänzen sich gegenseitig. Davon ausgehend ist die Verwendung aller Merkmale für eine umfassende finale Arbeitsdefinition bereichernd. Zusammen mit den Alleinstellungsmerkmalen, welche durch die Literaturanalyse gewonnen werden konnten, zeigt Abbildung 30 alle Alleinstellungsmerkmale der agilen Softwareentwicklung.

Autonomie, Entwicklerorientiert, Mut, Offenheit, Respekt, Transparenz, Verantwortungsübergabe, Vertrauen, Verzicht auf Macht, Wenig Ego, Selbstverpflichtung, Zufriedenheit, Beziehungen, Motivation	**Mitarbeiterzentriert**	Individuen	Agile Softwareentwicklung
Feedback, Gemeinsame Vision, Interdisziplinäre Teams, Kollaboration, Kommunikation, Kundeneinbindung, Kundennah, Kundenorientiert, Kundenzentriert, Nutzerzentriert, (Selbstorganisierende Teams), Teamwork, flache Hierarchien, Unterstützung, (Austausch von Rollen), Cross-Funktional, Kleine Teams, Kompetenz, Lernprozesse	**Zusammenarbeit**		
Flexibel, Frühzeitig, Möglichkeit, Reaktion, Spontan, Adaptiv, Akzeptieren, Anerkennen, Annehmen, Begrüßen, Durchhalten, Ergreifen, Ermöglichen, Initiieren, Fokussieren, Klein und Kontinuierlich, Konstant, Manövrierfähigkeit	**Anpassungen**	Softwareentwicklung	
Effizienz, Einfachheit, Inkrementell, Iterativ, Auswahl geeigneter Praktiken, Ressourcenschonend, Schnell, Kurze Zeitrahmen, kurze Zyklen, Effektivität	**Arbeitsorganisation**		
Frühzeitig, Regelmäßig, Schnell, Time-to-market	**Auslieferung**		
Leichtgewichtig, Dokumentation	**Bürokratie**		
(Nützlichkeit), Risikominimiert, Funktionierende Software, hohe Qualität, hoher Business Value	**Ergebnis**		
Emergenz, Empirisch, Evolutionär, für alle Systeme geeignet, Reviews, Validierung, Reflektion, Verbesserungsprozess, Dynamisch, Emergenz, Evolutionär, Innovativ, Kleine und Medium-Systeme	**Lösungsprozess**		

Abbildung 30: Vollständige Übersicht aller Alleinstellungsmerkmale agiler Softwareentwicklung.

5.2.10. Arbeitsdefinition: Agile Softwareentwicklung

Die vorläufige Arbeitsdefinition soll durch die von den Teilnehmern genannten Merkmale weiter verfeinert werden. Dazu muss die Liste aller Merkmale, die aus den Interviewdaten gewonnen wurden, um jene Merkmale bereinigt werden, die bereits in der Arbeitsdefinition verarbeitet wurde. Die folgende Abbildung 31 zeigt diese Merkmale im Kategoriensystem.

Merkmale	Kategorie	Gruppe	Agile Softwareentwicklung
Mut, Offenheit, Respekt, Transparenz, Verantwortungsübergabe, Verzicht auf Macht, Wenig Ego, Selbstverpflichtung	**Mitarbeiterzentriert**	Individuen	Agile Softwareentwicklung
Kundennah, Kundenorientiert, Kundenzentriert, Nutzerzentriert,	**Zusammenarbeit**	Individuen	
Frühzeitig, Spontan	**Anpassungen**	Softwareentwicklung	
Ressourcenschonend, Schnell	**Arbeitsorganisation**	Softwareentwicklung	
-	**Auslieferung**	Softwareentwicklung	
-	**Bürokratie**	Softwareentwicklung	
Risikominimiert	**Ergebnis**	Softwareentwicklung	
Empirisch, für alle Systeme geeignet, Reviews, Verbesserungsprozess	**Lösungsprozess**	Softwareentwicklung	

Abbildung 31: Merkmale aus den Interview-Antworten, die noch nicht in der vorläufigen Arbeitsdefinition verarbeitet wurden.

Diese Merkmale sind zunächst gleichwertig, auch wenn sie nicht alle von jedem Teilnehmer genannt wurden. Für die Arbeitsdefinition ist es wichtig, dass auch diese Merkmale und ihre Bedeutung für die agile Softwareentwicklung näher betrachtet werden, um die Struktur der vorläufigen Arbeitsdefinition beibehalten zu können. Dazu werden im Folgenden alle Kategorien mit ihren neuen Merkmalen einzeln dahingehend analysiert, welche Merkmale in die finale Arbeitsdefinition aufgenommen werden sollen. Dieser Abschnitt schließt mit der finalen Arbeitsdefinition ab.

Mitarbeiterzentriert

Das Verhalten der Mitarbeiter wurde mit den bisherigen Merkmalen noch wenig thematisiert. Den Interviewten nach, sollten die Mitarbeiter den Mut und die Offenheit haben, jederzeit Probleme anzusprechen. Sie sollten sich untereinander respektieren und dafür hilfsbereit statt egoistisch handeln. Weiterhin sollten sie die Verantwortung für ihr Handeln übernehmen und sich dem Leisten guter Arbeit selbstverpflichten. Von ihren Vorgesetzten sollten die Mitarbeiter mehr Verantwortung übergeben bekommen und damit auf Macht verzichten.

Zusammenarbeit

In der Zusammenarbeit betonten die Interviewten den Fokus auf den Auftraggeber etwas stärker und erwähnten auch, dass der Nutzer nicht außer Acht gelassen werden sollte. Der Auftraggeber -Fokus kommt in der vorläufigen Arbeitsdefinition bereits deutlich heraus. Die aktive Einbindung des Nutzers wird hingegen nicht erweiternd aufgenommen, da die Entwicklung zum Auftraggeber kommuniziert und nicht immer Zugang zu den Nutzern der Software hat. Die Interviewten sind sich in diesem Punkt auch nicht einig. So stimmten 60 % ($M - 0.60$, $SD = 0.52$) dafür, dass die Nutzereinbindung ein Aspekt agiler Softwareentwicklung ist. Die Einbindung des Auftraggebers ordneten im Mittel 90 % ($M = 0.90$, $SD = 0.32$) der Befragten der agilen Softwareentwicklung eindeutiger zu.

Anpassungen

Aufgrund des regelmäßigen Feedbacks sollen vor allem frühzeitige Korrekturen ermöglicht werden. Auf Änderungen sollte darüber hinaus auch spontan noch reagiert werden können.

Arbeitsorganisation

Die Organisation der agilen Softwareentwicklung soll eine schnelle und damit ressourcenschonende Entwicklung ermöglichen.

Ergebnis

Durch den Fokus auf die Nützlichkeit der Software ist auch das Risiko minimiert, das der Auftraggeber ein Produkt bekommt, was er nicht gebrauchen kann.

Lösungsprozess

Der Lösungsprozess ist nach den Interviewten ein empirischer Prozess, der durch das regelmäßige Feedback ermöglicht wird. Dieser Prozess hat auch die Funktion, dass sich die gesamte Entwicklung verbessert, was unter anderem durch regelmäßige Reviews erreicht wird.

Die finale Arbeitsdefinition:

Die agile Softwareentwicklung ist ein mitarbeiterzentrierter, iterativ-inkrementeller Ansatz für komplexe Software-Projekte. Dieser Ansatz versucht die Arbeitsqualität durch Autonomie, gute Beziehungen, Motivation, respektvollem Umgang, Unterstützung und Vertrauen zu verbessern. Dies soll die Zufriedenheit bei allen Beteiligten erhöhen. Der Auftraggeber wird ebenfalls fest in den Entwicklungsprozess integriert. Die Mitarbeiter kollaborieren intensiv mit dem Auftraggeber. Alle Beteiligten haben den Mut und die Offenheit, jederzeit Probleme anzusprechen. Die kleinen Entwicklerteams organisieren sich selbstständig und bestehen aus kompetenten interdisziplinären Mitarbeitern, die eine gemeinsame Vision vom Ergebnis teilen, hilfsbereit sind, die Eigeninitiative ergreifen und sich dem Leisten guter Arbeit selbstverpflichten. Die Entwickler werden von ihrem Umfeld aktiv unterstützt und befinden sich in einem ständigen Lernprozess, bei dem sie ihre Arbeit regelmäßig reflektieren, um ihre Effizienz zu erhöhen. Die Vorgesetzten agieren eher als Mentoren, verzichten auf einen Teil ihrer Macht und übertragen ihren Mitarbeitern mehr Verantwortung. Die Anforderungen der Software werden durch aktive Anregung des Auftraggebers regelmäßig erforscht, was bereits frühzeitige Korrekturen ermöglichen soll. Kleinere Änderungen sollten von der Softwareentwicklung eingeplant werden und jederzeit möglich sein. Mittels zeitlich kurzer Iterationen wird die Agilität beflügelt und die Effektivität erhöht, was die agile Softwareentwicklung zu einem ressourcen-schonenden Ansatz macht. Darüber hinaus soll zusammen mit der Auswahl richtiger Praktiken, regelmäßiger Reflektionen, Disziplin und Einfachheit eine effiziente Entwicklung auf unbegrenzte Zeit ermöglicht werden. An die kurzen Iterationen sind auch die Auslieferungen gebunden, die ebenso regelmäßiges Feedback vom Auftraggeber und den frühzeitigen Einsatz der Software ermöglichen. Dabei soll funktionierende Software ausgeliefert werden, die aufgrund ihrer hohen Qualität wertvoll und einsatzbereit ist. Durch Feedback und Korrekturen soll die Nützlichkeit des Produktes sichergestellt werden, womit auch das Risiko für den Auftraggeber minimiert wird, ein unbrauchbares Produkt zu erhalten. Die Mitarbeiter müssen dafür dynamisch, durchdacht und innovativ vorgehen, damit sich ein nachhaltiges Produkt entwickeln kann und neue Anforderungen daraus erwachsen können. Die Ergebnisse, die Arbeitsorganisation und deren Prozesse werden regelmäßig empirisch validiert. Schwergewichtige bürokratische Prozesse und Dokumentationen werden bewusst in den Hintergrund gestellt, aber nicht vernachlässigt.

5.3. Zusammenfassung

Zur Beantwortung der Fragestellungen wurden Interviews mittels eines selbst erstellten voll-strukturierten und nicht-standardisierten Interviewleitfadens durchgeführt. Die Stichprobe bestand aus elf Teilnehmern, die in der IT als Entwickler, Produktmanager, Teamleiter, in der IT-Forschung oder als IT Consultant deutschlandweit arbeiteten. Alle Teilnehmer schätzten ihre generelle Erfahrung in der Softwareentwicklung auf einer Skala von 1 (*sehr gering*) bis 5 (*sehr hoch*) dabei im Schnitt mit 3.45 (*SD* = 1.13) als mittelmäßig mit Tendenz zu hoch ein und ihre Erfahrung mit agiler Softwareentwicklung durchschnittlich mit 4.09 (*SD* = 0.54) als hoch. Dennoch konnte nur die Hälfte aller Teilnehmer (54,54 %) die Begriffe Vorgehensmodell, Framework, Methode und Praktik korrekt voneinander abgrenzen. Die meisten Vorgehensmodelle waren nur nach direkter Abfrage bekannt und ebenso wurden nur sehr wenige konkrete Frameworks und Methoden genannt. Die Teilnehmer konnten jedoch viele verschiedene Praktiken nennen. Alle Teilnehmer fanden die agile Softwareentwicklung prinzipiell gut und befürworteten deren Einsatz damit, dass die Ergebnisse und der Mitarbeiterumgang gut sind. Dazu nannten die Teilnehmer zusammenfassend rigide Unternehmensstrukturen, zu viele Regeln und Vorgaben und ein mäßiges Unternehmensklima als Gründe, die gegen den Einsatz sprechen. Der Einsatz wird von den Teilnehmern ebenso abhängig der Komplexität gemacht, welche nach Angaben wiederum hauptsächlich mit subjektiven Methoden beurteilt wird. Die Teilnehmer ordneten die agile Softwareentwicklung in der Complexity-Matrix durchschnittlich im komplexen Bereich ein.

Jeder Teilnehmer gab zwei Definitionen von agiler Softwareentwicklung ab, deren Merkmale extrahiert wurden und auf Basis dessen eine aus der Praxis abgeleitete Arbeitsdefinition gebildet wurde. Die Teilnehmer hatten dabei einen deutlichen Fokus auf dem Auftraggeber und den Mitarbeitern, da sie diesbezüglich viele detaillierte Merkmale nannten. Durch Hinzunahme der Merkmale, die mittels Literaturanalyse gewonnen werden konnten, wurde eine umfassende Arbeitsdefinition erstellt.

6. Diskussion

Diese Arbeit untersuchte mittels Literaturanalyse und qualitativer Interviewstudie, wie agile Softwareentwicklung in der Literatur und in deutschen Unternehmen verstanden und umgesetzt wird. In diesem Kapitel werden die berichteten Ergebnisse der Literaturanalyse und des Interviews interpretiert und diskutiert. Das gemeinsame Ergebnis beider Methoden war eine Arbeitsdefinition, die diskutiert und vorgeschlagen wird. Im Anschluss daran werden theoretische und praktische Implikationen aufgezeigt. Darüber hinaus wird die Arbeit kritisch reflektiert und schließt im darauffolgenden Kapitel mit einem Fazit und Ausblick ab.

6.1. Diskussion der Ergebnisse

In dieser Arbeit wurden drei Fragestellungen bearbeitet, die im Sinne einer Methodentriangulation über eine Literaturanalyse und eine qualitative Interviewstudie beantwortet wurden. In der Literaturanalyse wurden zudem viele verschiedene Quellen im Sinne einer Datentriangulation verwendet. Zur Beantwortung dieser Fragestellungen war eine historische Aufarbeitung der Softwareentwicklung notwendig, um einerseits ein tieferes Verständnis für die Entwicklung von Vorgehensmodellen zu erlangen und andererseits, um die Abgrenzung von vorherigen Modellen leisten zu können. Darüber hinaus erfolgte eine Auseinandersetzung mit der Komplexität von IT-Projekten, um eine weitere Perspektive auf die Entwicklungsgründe von Vorgehensmodellen und deren Einsatz zu bekommen.

Im Folgenden werden die historische Aufarbeitung und die Komplexität von IT-Projekten diskutiert. Anschließend werden die Fragestellungen nacheinander aufgelistet und beantwortet.

Historische Aufarbeitung

Vorgehensmodelle entstehen selten unabhängig voneinander. In der Regel bauen die Modelle aufeinander auf oder greifen zumindest auf erfolgreiche Ansätze früherer Modelle zurück. Daher lohnt sich ein Blick auf die Entwicklungsgeschichte dieser Ansätze, nicht zuletzt deswegen, weil sie die Identifikation der Alleinstellungsmerkmale und damit die Abgrenzung zu vorherigen Modellen unterstützt und stellenweise erst ermöglicht.

Die historische Aufarbeitung der Softwareentwicklung brachte die ersten Erkenntnisse dieser Arbeit hervor. Sie machte deutlich, dass sehr viele Ansätze, die laut Literatur und den Interviewteilnehmern auch Teil der agilen Softwarenentwicklung sind, bereits in früheren Vorgehensmodellen verwendet wurden. Die agile Softwareentwicklung ist demnach nur eine Weiterentwicklung bestehender Modelle und sollte deshalb nicht unabhängig von vorherigen

Modellen betrachtet werden. Durch diese Aufarbeitung wird ebenso deutlich gemacht, dass viele Definitionen agiler Softwareentwicklung lediglich ein vorheriges Modell beschreiben. Als ein solches Beispiel von Vielen beschreiben Subramaniam und Hunt (2006, S.4) die agile Softwareentwicklung mit: „*Agile development uses feedback to make constant adjustments in a highly collaborative environment.*". Die erarbeitete Übersicht zeigt, dass Feedback, konstante Anpassungen und eine kollaborative Zusammenarbeit nur eine iterativ-inkrementelle oder die noch frühere iterative Entwicklung anstelle der agilen Softwareentwicklung beschreiben.

Diese Abgrenzung wird erst durch die historische Aufarbeitung ermöglicht. Die nachfolgend gewonnenen Merkmale der agilen Softwareentwicklung konnten dadurch abzüglich der Ansätze früherer Vorgehensmodelle betrachtet werden und damit auch die Alleinstellungsmerkmale der agilen Entwicklung. Diese Abgrenzung von vorherigen Modellen wurde mit den Merkmalen aus der Literaturanalyse und denen der Interviews zunächst separat durchgeführt. Dadurch konnte veranschaulicht werden, dass die Literatur nur wenige neue Ansätze und hauptsächlich eine iterativ-inkrementelle Entwicklung beschreibt. Eine konkrete Identifikation der Alleinstellungsmerkmale ist damit nur sehr schwer zu erreichen. Die Interviewteilnehmer haben hingegen deutlich mehr Alleinstellungsmerkmale genannt, mit welchen sie die agile Softwareentwicklung vor allem durch einen hohen Stellenwert der beteiligten Individuen, deren Zusammenarbeit und Verhalten abgrenzten. Dies ermöglichte erstmals eine konkrete Abgrenzung der agilen Entwicklung von vorherigen Vorgehensmodellen über die am Entwicklungsprozess beteiligten Individuen.

Komplexität von IT-Projekten

Die Komplexität von IT-Projekten forderte die Softwareentwicklung stets dahingehend, adäquate Vorgehensmodelle zu entwickeln. Stacey (1996) führte basierend darauf die Complexity-Matrix ein, um die Komplexität eines IT-Projektes einschätzen zu können. Etwas später erkannte Boehm (2002), dass sich die Vorgehensweisen der Softwareentwicklung auf einer Komplexitätsdimension einordnen lassen, was er als *Planning Spectrum* veröffentlichte. In der vorliegenden Arbeit wurden beide Ideen zusammengeführt, sodass die Komplexitätsdimension des Planning Spectrums als Diagonale in die Complexity-Matrix eingetragen wurde. Dies ermöglichte die ungefähre Bestimmung des Komplexitätsgrades der bekanntesten Vorgehensmodelle, was die nächsten Erkenntnisse dieser Arbeit hervorbrachte. Durch diese modifizierte Matrix war es möglich, die agile Softwareentwicklung ungefähr im komplexen Bereich der Complexity-Matrix lokalisieren zu können. Ebenso konnten die vorherigen Modelle auf der Diagonalen abgetragen werden, womit die Auswahl eines Vorgehensmodells mit der Einschätzung der Komplexität des IT-Projektes ermöglicht wurde.

Davon ausgehend, bietet sich ein bestimmtes Vorgehensmodelle also auch nur für einen bestimmten Komplexitätsgrad an. Die Geschichte der Softwareentwicklung unterstützt diese Erkenntnis dadurch, dass die Verwendung von Vorgehensmodellen geringerer Komplexitätsstufen bei IT-Projekten höherer Komplexität einst zur Softwarekrise führte (Mcllroy, Buxton, Naur, & Randell, 1968) und die Verwendung ungeeigneter Modelle auch bis weit in die 90er Jahre zum Scheitern vieler Projekte beitrug (vgl. Jarzombek, 1999). Vorgehensmodelle sind demnach nicht universell für alle IT-Projekte einsetzbar, obwohl von einem Interviewteilnehmer mit der Aussage, die agile Entwicklung sei für alle Systeme geeignet, gegenteiliges behauptet wird. Die modifizierte Complexity-Matrix steht dieser Aussage zumindest teilweise gegenüber, da sie die agile Entwicklung, wie auch alle anderen Vorgehensmodelle, in einem bestimmten Bereich einordnet. Es ist jedenfalls ein historisch belegter Fakt, dass sich die Modelle geringerer Komplexitätsstufen nicht für IT-Projekte höherer Komplexität eigenen, aber es bleibt zu beweisen, ob Modelle höherer Komplexitätsstufen nicht auch umgekehrt für IT-Projekte geringerer Komplexität geeignet sind. Die Literatur legt zumindest nahe, dass die agile Entwicklung bei einfachen IT-Projekten nicht effizient ist, da bspw. eine iterativ-inkrementelle Organisation bei schnellen und einfachen Projekten unnötigen Aufwand mit sich bringen kann. Diesbezüglich argumentierte derselbe Interviewteilnehmer, dass anschließende Änderungswünsche wiederum nicht immer ausgeschlossen werden können, der Komplexitätsgrad des Projektes damit steigt und sich die agile Entwicklung dann doch wieder lohnt.

Fragestellungen

In dieser Arbeit wurden drei Fragestellungen aufgezeigt, die im Folgenden beantwortet werden.

Fragestellung 1: Was ist für agile Softwareentwicklung charakteristisch und was grenzt das Konstrukt von anderen Vorgehensmodellen möglichst trennscharf ab?

Für die Beantwortung der ersten Fragestellung wurde vor allem die Literaturanalyse herangezogen, welche zusammen mit der historische Aufarbeitung der Softwareentwicklung und der Identifikation der Alleinstellungsmerkmale zeigen konnte, dass die meisten Ansätze der agilen Softwareentwicklung bereits in der iterativ-inkrementellen Entwicklung oder schon in früheren Modellen genutzt wurden. Die Angaben der Teilnehmer aus den Interviews erweiterten die Übersicht der Alleinstellungsmerkmale. Die agile Entwicklung übernahm demnach die meisten Ansätze vorheriger Modelle und ergänzte diese um Werte und Prinzipien, die den Umgang der Mitarbeiter untereinander verbessern sollen, die Zusammenarbeit durch Selbstbestimmung und Verantwortung, sowie solche, die den Lösungsfindungsprozess effizienter gestalten. Diese Erkenntnisse stimmen weitgehend mit der Aussage von Cockburn und Highsmith (2001) überein, die hervorheben, dass die agile Softwareentwicklung keine neuen Praktiken und Ansätze nutzt, aber die Beteiligten erstmals als primären Erfolgsfaktor ansieht. Eine rein technische Umsetzung agiler Methoden wäre folglich keine agile Entwicklung. Erst das Zusammenspiel einer sehr hoch entwickelten iterativ-inkrementellen Entwicklung mit einem starken Fokus auf die Mitarbeiter, deren Zusammenarbeit und Verhalten, machen eine Softwareentwicklung zu einer agilen Softwareentwicklung.

Aus den Literaturquellen konnten nur wenige Merkmale gewonnen werden, die über die Ansätze iterativ-inkrementeller Entwicklung hinaus auf einen hohen Stellenwert der Beteiligten hinweisen. Die Identifikation der Alleinstellungsmerkmale zeigte im Rahmen der Literaturanalyse daher deutlich, dass nur sehr wenige Unterschiede bestehen. Diese Identifikation gelang mit den Definitionen der Interviewteilnehmer besser, da deren Fokus auf den beteiligten Individuen lag, diese bei vorherigen Vorgehensmodellen nicht im Mittelpunkt standen und teils komplett außer Acht gelassen wurden.

Aus allen Merkmalen der verwendeten Quellen wurde abschließend eine Arbeitsdefinition erstellt. Diese Arbeitsdefinition beschreibt die agile Softwareentwicklung umfassend und behandelt sämtliche Merkmale gleichwertig, ohne den Schwerpunkt auf die beteiligten Individuen oder die Softwareentwicklung zu legen. Letztendlich beschreibt die Summe der Quellen damit, dass die Individuen zumindest eine ebenso große Rolle in der Softwareentwicklung spielen, wie die rein technischen Prozesse. Die Arbeitsdefinition grenzt die agile Softwareentwicklung auch deutlicher von vorherigen Modellen ab, als die bisher veröffentlichen Definitionen.

Fragestellung 2: Was verstehen Unternehmen und ihre Mitarbeiter unter agiler Softwareentwicklung und inwieweit deckt sich dies mit der aus der Theorie abgeleiteten Arbeitsdefinition?

Die zweite Fragestellung konnte durch den Vergleich der zwei Definitionen beantwortet werden, die jede Methode als Ergebnis hervorbrachte. Das Verständnis der Mitarbeiter wurde darüber hinaus durch allgemeine und spezifische Wissensfragen zur Softwareentwicklung und zur agilen Softwareentwicklung im Rahmen des Interviews detaillierter erfasst.

Die Merkmale der beiden Methoden Literaturanalyse und Interview wurden in erster Linie dafür genutzt, um jeweils eine Definition von agiler Softwareentwicklung pro Methode zu bilden, aus denen anschließend eine gemeinsame Arbeitsdefinition gebildet wurde. Die drei Definitionen sind bereits im Einzelnen umfangreicher als alle bisher veröffentlichten Definitionen agiler Softwareentwicklung, weil sehr viele Merkmale verarbeitet wurden. Der Vergleich der Merkmale zwischen den Methoden zeigte erneut, dass die zwei unabhängigen Definitionen der Methoden einen anderen Fokus haben, was auch deren größte Schwäche ist. In der Konsequenz ist keine der beiden Definitionen vollständig. Die bisher veröffentlichten Definitionen beschreiben überwiegend eine iterativ-inkrementelle Entwicklung, wohingegen die Interviewteilnehmer die Bedeutung der Individuen für den Entwicklungsprozess schon sehr deutlich hervorheben und dafür aber die ebenso wichtigen Aspekte der Softwareentwicklung vernachlässigen. Das Ergebnis zeigte, dass die Befragten aus der Praxis insgesamt mehr Alleinstellungsmerkmale nennen konnten, als das diese durch vorhandene Definitionen aus der Literatur beschrieben wurden.

Das Verständnis der Interviewteilnehmer wurde zusätzlich über Wissensfragen geprüft. Die Teilnehmer gaben vorweg an, durchschnittlich 5,45 Jahre in der Softwareentwicklung gearbeitet zu haben und schätzten Ihre Erfahrung auf einer Skala von 1 (*sehr gering*) bis 5 (*sehr hoch*) im Schnitt mit 3,45 ein. Speziell zur agilen Softwareentwicklung wurde nach der Erfahrung gefragt, wobei die Teilnehmer angaben, im Durchschnitt 5,14 Jahre in oder mit einer agilen Softwareentwicklung gearbeitet zu haben. Dort schätzten die Teilnehmer ihre Erfahrung mit 4,09 auf der Skala von 1 bis 5 ein. Ebenso hatten alle Beteiligten Erfahrungen in der Projektorganisation und -planung, wobei sie durchschnittlich 5,64 Jahre angaben. Es kann also davon ausgegangen werden, dass es sich bei dieser Stichprobe um Teilnehmer handelte, die sich gut mit der agilen Softwareentwicklung auskannten. Ihr Wissen über agile Softwareentwicklung bezogen die Teilnehmer dabei nach eigenen Aussagen aus keinen speziellen Quellen und nutzten dafür verfügbare Literatur, fachbezogene Webseiten, Workshops, Weiterbildungen, Kollegengespräche, wissenschaftliche Publikationen und weitere Möglichkeiten. Einzelne Teilnehmer hoben die praktische Arbeit mit agilen Methoden ebenso als Wissensquelle hervor. Letztendlich deckt sich die Vorstellung der Teilnehmer von agiler Softwareentwicklung stark mit deren Darstellung in der Literatur. In der Praxis machen die agilen Methoden aber offenbar deutlich, wie wichtig die Individuen, deren Zusammenarbeit und Verhalten für dieses Vorgehensmodell sind.

Die Hälfte der Teilnehmer hatte jedoch auch ihre Schwierigkeiten mit der Abgrenzung der Begriffe Vorgehensmodell, Framework, Methode und Praktik. Viele konkrete Vorgehensmodelle konnten ebenso selten genannt werden, wie Frameworks, Methoden oder Praktiken. Erst nach expliziter Nennung der Vorgehensmodelle waren den Teilnehmenden die meisten Vorgehensmodelle bekannt. Das zeigte, dass die agile Softwareentwicklung hauptsächlich mit dem Phasenmodell verglichen wird. Die Vorgehensmodelle, die zwischen der sequentiellen und der agilen Entwicklung entstanden sind, werden dabei zunächst außer Acht gelassen. Dadurch kann ein falsches Verständnis von agiler Softwareentwicklung entstehen, dass diese ein innovatives und fundamental neues Vorgehen darstellt, so wie es bspw. von Plattner, Meinel und Weinberg (2009) vermittelt wird. Die Alleinstellungsmerkmale, die von den Aussagen der Interviewteilnehmern gewonnen wurden, zeigten, dass die agile Softwareentwicklung hingegen eher eine stark erweiterte iterativ-inkrementelle Entwicklung darstellt, die einen starken Fokus auf die Beteiligten legt. Zusammenfassend haben die Beteiligten im allgemeinen Wissen über die Vorgehensmodelle zwar Defizite, aber sie grenzten die agile Softwareentwicklung mit deutlich mehr Alleinstellungsmerkmalen besser von vorherigen Vorgehensmodellen ab, als dies mit der Literatur möglich ist.

Fragestellung 3: Welche Gründe haben Unternehmen für den Einsatz einer agilen Softwareentwicklung? Welche Erwartungen haben die Unternehmen und ihre Mitarbeiter und welche Barrieren bzw. Herausforderungen werden gesehen?

Die dritte Fragestellung wurde unmittelbar über die Interviews beantwortet, in denen die Teilnehmer gefragt wurden, welche Gründe sie für den Einsatz agiler Methoden haben und was aus ihrer Sicht gegen einen Einsatz agiler Methoden sprechen könnte.

Alle Teilnehmer fanden die agile Softwareentwicklung prinzipiell gut und befürworteten deren Einsatz zusammenfassend damit, dass die Ergebnisse und der Mitarbeiterumgang gut sind und das auf Änderungen reagiert werden kann. Für die Teilnehmer stellten zusammenfassend rigide Unternehmensstrukturen, zu viele Regeln und Vorgaben und ein mäßiges Unternehmensklima Gründe dar, die gegen den Einsatz einer agiler Entwicklung sprechen. In den Unternehmen der Befragten gibt es nach Angaben auch nur wenige Regeln für die agile Softwareentwicklung. Lediglich zwei der elf Teilnehmer gaben an, dass es dennoch Regeln für die Programmierung, wie Dokumentationsstandards und Code-Konventionen, bei ihrem Arbeitgeber gab.

Der Einsatz wird von den Teilnehmern ebenso von der Komplexität abhängig gemacht, welche nach Angaben wiederum hauptsächlich mit subjektiven Methoden beurteilt wird. Auf die Frage, ob die Komplexität eines IT-Projektes auch Auswirkungen auf die Wahl des Vorgehensmodells habe, antworteten alle bis auf ein Teilnehmer mit ja. Die Teilnehmer begründeten dies jedoch sehr unterschiedlich und teils gegensätzlich. Ein Teilnehmer erklärte, dass die agile Entwicklung nur für Projekte "leichter Komplexität" geeignet sei. Drei Teilnehmer antworteten entgegengesetzt, dass die agile Entwicklung hauptsächlich für komplexe, nicht aber für einfache, Projekte geeignet sei. Zwei Teilnehmer meinen gar, dass die agile Entwicklung für alle Komplexitätsstufen eingesetzt werden könne. Zusammenfassend betrachtet, ordneten die Teilnehmer die agile Softwareentwicklung in der Complexity-Matrix im komplexen Bereich ein, womit sie die agile Entwicklung hauptsächlich für komplexe IT-Projekte qualifizierten. Diese Einordnung ist aber nicht konform mit den Begründungen aller Teilnehmer.

In der Beurteilung von bestimmten Aspekten der Softwareentwicklung waren die Teilnehmer uneinig darin, ob sich die agile Entwicklung auch für sicherheitskritische Projekte eignet, wobei sie auf einer Skala von 0 (*gar nicht*) bis 3 (*stark / hoch*) im Durchschnitt 1,6 angaben und sich damit im Bereich wenig bis mittel befanden. Die Hierarchie des Unternehmens soll mit einer zusammenfassenden Bewertung von 1,2 eher gering ausgeprägt sein. Die Einbindung des Auftraggebers werteten die Teilnehmer jedoch als sehr hoch mit 2,8 von 3. Demgegenüber sehen die Befragten die Nutzer der Software nur zu 60 % als Beteiligte im Entwicklungsprozess. Das Risiko für den Auftraggeber, keine brauchbaren Ergebnisse zu erhalten, bewerteten die Teilnehmer mit 1,5 als niedrig bis mittel. An anderer Stelle beurteilten die Teilnehmer vor allem iterativ-inkrementelle Ansätze als wichtigen Bestandteil der agilen Softwareentwicklung. Sequentielle Verläufe, detaillierte Zeitpläne und rigide Verträge ordneten die Befragten weniger der agilen Entwicklung zu.

Zusammenfassend sind sich die Teilnehmer darin einig, dass der richtige Umgang mit agilen Methoden auch zu einer erfolgreichen Softwareentwicklung führt. Die agile Softwareentwicklung eignet sich eher für Projekte des komplexen Bereiches nach der Complexity-Matrix, dort jedoch nicht für sicherheitskritische Projekte. Die Einbindung des Auftraggebers ist für eine agile Entwicklung sehr wichtig. Die Einbindung des tatsächlichen Nutzers sehen jedoch nicht alle Befragten in der agilen Entwicklung. Darüber hinaus sind iterativ-inkrementelle Ansätze wichtige Bestandteile der agilen Entwicklung.

6.2.   Theoretische und Praktische Implikationen

Aus den Ergebnissen lassen sich verschiedene theoretische und praktische Implikationen ableiten. Zunächst wird auf theoretische Implikationen für die Forschung eingegangen und anschließend auf die praktischen Implikationen.

Theoretische Implikationen

Die historische Aufarbeitung hat gezeigt, dass sich Methoden und Modelle verschiedener Paradigmen teilweise parallel zueinander entwickeln, was vor allem in den Übergangsbereichen zweier Paradigmen erschwert, die Methoden und Modelle richtig zuzuordnen. Erschwerend kommt hinzu, dass die Methoden späterer Vorgehensmodelle oft Ansätze vorheriger Modelle übernehmen. Eine unvollständige Betrachtung von Methoden kann daher zu einer falschen Zuordnung in übergeordnete Vorgehensmodelle führen. Der Hälfte der Interviewteilnehmer gelang die Abgrenzung der Begriff Vorgehensmodell, Framework, Methode und Praktik nicht, was zeigt, dass die Grundlagen der Softwaretechnik nicht vorausgesetzt werden dürfen. Es ist daher nicht verwunderlich, dass die agile Softwareentwicklung je nach Quelle als Vorgehensmodell, Framework oder Methode bezeichnet wird.

Während der Erarbeitung der historischen Übersicht trat auch hervor, dass die Ansätze bzw. Ideen die eigentliche Entwicklung der Softwareentwicklung ausmachten, da erst selbige zur Entwicklung von Methoden und Modellen geführt haben. Die meisten dieser Ansätze haben sich ebenso mit neuen Modellen weiterentwickelt und stellen die eigentliche Triebfeder der Softwareentwicklung dar. Die Erklärung eines Vorgehensmodells gelingt über die zugrundeliegenden Ansätze also deutlich besser, als rein durch die Kategorisierung in Paradigmen, da die Modelle innerhalb eines Paradigmas sehr unterschiedlich ausfallen und sich lediglich durch wenige Ansätze unterscheiden können. Es ist daher also nicht zielführend, Paradigmen zu vergleichen. Die agile Entwicklung wird in diesem Zusammenhang häufig mit der sequentiellen Entwicklung verglichen, da die Unterschiede hier am größten sind. Vergleiche mit anderen Paradigmen sind deutlich aufwändiger und nur über den Vergleich der verwendeten Ansätze möglich.

Der Vergleich der agilen Softwareentwicklung mit einer traditionellen Entwicklung ist ebenso irreführend, da einerseits nicht klar ist, was eine traditionelle Entwicklung definiert und der Vergleich andererseits dazu verleitet, die Vorgehensmodelle und Paradigmen zu vernachlässigen, welche zwischen der sequentiellen und der agilen Entwicklung entstanden sind. Diese Problematik drückt sich darin aus, dass bspw. iterative Ansätze häufig als Alleinstellungsmerkmal einer agilen Entwicklung beschrieben werden, da sie mit der oft als sequentiell beschriebenen traditionellen Entwicklung nicht konform sind und dann einfach der agilen Entwicklung zugeordnet werden.

Die Literatur zur agilen Softwareentwicklung beklagt seit Langem, dass die agile Softwareentwicklung bisher noch nicht exakt definiert wurde. Als ein Ergebnis dieser Arbeit wurde daher eine Arbeitsdefinition vorgeschlagen. Die Arbeitsdefinition hebt hervor, dass die beteiligten Individuen in der agilen Softwareentwicklung eine wichtige Rolle spielen und soll der Forschung und Wirtschaft gleichermaßen ein umfassenderes Bild von der agilen Softwareentwicklung vermitteln, als dies mit der aktuellen Literatur möglich ist. Dieses Bild soll durch die modifizierte Complexity-Matrix dahingehend erweitert werden, dass sich die agile Softwareentwicklung hauptsächlich für komplexe IT-Projekte eignet. Die modifizierte Complexity-Matrix soll zudem verdeutlichen, dass sich Vorgehensmodelle allgemein nur für einen bestimmten Komplexitätsbereich eignen, da sie jeweils zur Bewältigung von IT-Projekten bestimmter Komplexitätsstufen entwickelt wurden.

Praktische Implikationen

Die Interviews haben die Vor- und Nachteile der agilen Softwareentwicklung aus Sicht der Praxis aufgezeigt. Aus den Antworten ging eindeutig hervor, dass die agile Softwareentwicklung auch aus Sicht der Befragten nicht exakt definiert werden konnte und oftmals Uneinigkeiten bei der Eingrenzung des Einsatzes agiler Methoden vorherrschten. Die in dieser Arbeit vorgeschlagene Arbeitsdefinition soll Unternehmen und ihre Mitarbeiter darin unterstützen, die agile Softwareentwicklung besser verstehen zu können. Die historische Übersicht soll die allgemeine Abgrenzung von anderen Modellen unterstützen und aufzeigen, dass es viele Modelle für die Bearbeitung von IT-Projekten gibt. Zusammen mit der modifizierten Complexity-Matrix wurde die Möglichkeit geschaffen, über die Bestimmung der Projektkomplexität auch ein geeignetes Vorgehensmodell zu finden.

Der Einsatz agiler Methoden ist aber auch an weitere Bedingungen geknüpft. Nach Angaben der Befragten eignet sich eine agile Entwicklung weniger für sicherheitskritische Projekte und auch nicht für Unternehmen mit ausgeprägten Unternehmenshierarchien und vielen Vorgaben und Regeln. Dies liegt darin begründet, das Praktiken wie *Collective Code Ownership*, bei denen die Programmierung dem gesamten Team gehört und folglich von jedem angepasst werden kann, ein Problem z.B. bei Datenschutzbestimmungen oder Verschlüsselungen darstellen kann. Ein weiteres Hindernis können Vorgaben und Regeln darstellen, die auch vom Auftrag- oder Gesetzgeber auferlegt werden können. In dem Zusammenhang stellt die ISO 9001 Norm, zur Regelung der Mindestanforderung an

Qualitätsmanagementsysteme, oftmals ein Problem für die agile Entwicklung dar, da diese Norm ausgeprägte Dokumentationen vorschreibt (Stålhane & Hanssen, 2008). Die agile Entwicklung muss sich solchen Vorgaben je nach Auftraggeber-Anforderung unterwerfen und im Fall der ISO 9001 einen zusätzlichen Dokumentationsaufwand auf Kosten der Effizienz einplanen.

6.3. Kritische Würdigung und Limitationen

In diesem Abschnitt werden die Stärken und Schwächen des methodischen Vorgehens dieser Arbeit diskutiert. Für die Gewinnung der Daten wurden eine Literaturanalyse und ein qualitatives Interview angewandt. Als Grundlage der Literaturanalyse dienten die agilen Manifeste von den Autoren agiler Methoden und 27 Definitionen agiler Softwareentwicklung, die im Zeitraum von 2001 bis 2018 veröffentlicht wurden. Weitere Quellen wurden von der Analyse ausgeschlossen, da deren Qualität nicht überprüft werden konnte. Bei den Manifesten und Definitionen wurde darauf geachtet, dass diese von glaubhaften Quellen stammen. Die Auswahl der Quellen stellt in dieser Arbeit dennoch die größte Schwachstelle dar. Sollten die Quellen viele Merkmale beinhalten, die nicht Teil der agilen Softwareentwicklung sind, dann läuft die angewandte Methodik Gefahr, diese Merkmale als gleichwertig zu betrachten. Ein weiteres Problem stellt die eigenständige Übersetzung und Interpretation englischsprachiger Merkmale dar, wobei die Originaltexte und die daraus extrahierten Merkmale transparent dargelegt werden. Der Wahrheitsgehalt einzelner Merkmale konnte zumindest in der gezielten Diskussion selbiger zum Teil beurteilt werden, wodurch stark gegensätzliche Merkmale herausgefiltert wurden. Ebenso könnte die Begrenzung der Quellen die Vielfalt der Merkmale begrenzt haben. Es kann daher nicht ohne weiteres davon ausgegangen werden, dass die Merkmale der agilen Softwareentwicklung vollständig erfasst wurden. Die abschließend erstellte Arbeitsdefinition ist zumindest deutlich umfassender als die bisher umfassendste und veröffentlichte Definition agiler Softwareentwicklung und beinhaltet auch entsprechend viel mehr Merkmale, aber sie wurde nicht auf Vollständigkeit bzw. Validität überprüft, was im Rahmen dieser Arbeit nicht mehr stattfinden konnte.

Für die Durchführung der Interviews war die Rekrutierung der Teilnehmer sehr aufwändig, da einerseits kein Verzeichnis für agil entwickelnde Unternehmen existiert und die Teilnehmer anderseits ca. 60 Minuten ihrer Zeit einplanen mussten. Die Teilnahme war freiwillig, wurde lediglich mit den Ergebnissen dieser Arbeit vergütet und in einem drei monatigen Zeitraum angeboten. Von über 82 direkten Anfragen und paralleler passiver Akquise, konnten zehn Teilnehmer innerhalb von drei Monaten für ein Interview gewonnen werden. Aufgrund der geringen Stichprobengröße ist diese Stichprobe nicht repräsentativ für alle agil entwickelnden Unternehmen in Deutschland. Weil die agile Softwareentwicklung durch die Literatur ungenau vermittelt wird, kann es sein, dass sich lediglich Experten der agilen Softwareentwicklung für das Interview gemeldet haben. Zumindest sind fünf der 11 Befragten auch Wissenschaftler, die im Bereich der agilen Softwareentwicklung forschen. Dieser Umstand ist für eine möglichst umfassende Erhebung von Merkmalen sicherlich förderlich, erschwert möglicherweise aber die Generalisierung der Ergebnisse auf rein Software-entwickelnde und nicht-forschende Unternehmen.

Die Teilnehmer arbeiteten in unterschiedlichen Unternehmensgrößen, welche für verschiedene Branchen unterschiedliche Softwareprodukte entwickelten. Es ist daher positiv für die Gewinnung der Merkmale hervorzuheben, dass die Befragten die agile Softwareentwicklung aus unterschiedlichen Perspektiven beschreiben konnten. Die Fragen des Interviewleitfadens gingen jedoch auch nicht weiter auf die Softwareart, Branche oder die Unternehmen ein, sodass Software-, Branchen- oder unternehmensspezifische Unterschiede nicht erkannt werden konnten. Beispielsweise nannte ein Teilnehmer, dass bei deren Entwicklung von Cloud-Anwendungen der Auftraggeber gleichzeitig der Arbeitgeber war, was durchaus das Verständnis der agilen Softwareentwicklung hinsichtlich der Einbindung externer Beteiligter beeinflusst haben könnte. Die Rollen der externen Beteiligten wurden durch die Datentriangulation allerdings von anderen Quellen eingebracht, weshalb eine deutlich größere Vielfalt an Merkmalen erhoben werden konnte, als dies sicherlich innerhalb einer spezifischeren Stichprobe möglich ist.

Nach Durchführung jeder Methode änderte sich auch das Verständnis von der agilen Softwareentwicklung. Dies erschwerte bereits bei der Erstellung des Interviewleitfadens die Konstruktion der Fragen. Nach der letzten Methode zeichnete sich beispielsweise der hohe Stellenwert der beteiligten Individuen ab, auf welche der Leitfaden rückwirkend betrachtet dann nur bedingt einging.

Zusammenfassend sollte in zukünftigen Erhebungen beachten werden, dass die Teilnehmer nicht so lange beansprucht werden, um vor allem die Teilnahme attraktiver zu gestalten. Die Akquise von Experten agiler Softwareentwicklung ist allgemein nicht einfach, da keine Unternehmensverzeichnisse für agil entwickelnde Unternehmen bestehen und ein Teil der Zielgruppe oftmals nur über Vorgesetzte erreicht werden kann, weshalb viel Zeit für die Akquise und Durchführung der Erhebung eingeplant werden sollte. Um die Teilnahme weiterhin attraktiver zu gestalten, könnten zusätzliche Anreize, z.B. finanzieller Art, angeboten werden.

7. Fazit und Ausblick

Diese Arbeit beschäftigte sich mit dem allgemeinen Verständnis der agilen Softwareentwicklung in der Theorie und Praxis. Die Ergebnisse dieser Studie, allem voran die Arbeitsdefinition, sollen die Forschung und Wirtschaft darin unterstützen, die agile Softwareentwicklung besser zu verstehen.

Die agile Softwareentwicklung existiert schließlich bereits seit über 20 Jahren und wurde bislang noch nicht exakt definiert (Goll & Hommel, 2015). Dies führte mitunter dazu, dass viele Unternehmen die agilen Methoden nicht richtig umsetzten und diese mit sequentiellen Modellen zu einer hybriden Entwicklung kreuzten (Kuhrmann et al., 2018). Damit befindet sich die Entwicklung der Vorgehensmodelle möglicherweise bereits einen Schritt nach der agilen Softwareentwicklung. Dennoch ist es eine wichtige Aufgabe für die Forschung, die bestehenden Vorgehensmodelle zu definieren, da andernfalls die Abgrenzung der nachfolgend entstehenden Modelle erschwert wird und dies andernfalls zu ähnlichen Problemen führt, wie sie in den letzten zwei Jahrzehnte durch die agile Entwicklung entstanden sind.

Die Forschung bewegt sich in der Softwareentwicklung allerdings oft zeitlich versetzt und erforscht die Modelle und ihre Methoden meist retrospektiv. Ebenso zeitlich versetzt, nahm der Einsatz agiler Methoden bei Unternehmen in den letzten Jahrzehnten stetig zu (vgl. PMI, 2015; VersionOne, 2016) und zog damit auch zunehmend das Interesse der Forschung auf sich. Die agile Softwareentwicklung ist also, nach über 20 Jahren praktischer Anwendung, immer noch ein aktuelles Thema in der Forschung und wie die vorliegende Arbeit zeigt, haben die befragten Unternehmen und ihre Mitarbeiter immer noch Probleme mit dem Einsatz der agilen Softwareentwicklung und deren Definition. Der aktuelle Trend, anstelle von agiler Softwareentwicklung ein hybrides Modell einzusetzen, könnte eine Reaktion auf die Probleme rund um den Einsatz der agilen Softwareentwicklung in Deutschland sein. Diese wird scheinbar mit weiteren Ansätzen zu einem neuen Modell modifiziert. Deswegen hob diese Arbeit die historische Entwicklung von Vorgehensmodellen über die zugrundeliegenden Ansätze hervor, um zukünftig einen detaillierten Diskurs über eben jene Ansätze zu ermöglichen, der nicht, wie sonst üblich, auf Ebene der ganz groben Kategorien von Vorgehensmodellen oder gar Paradigmen geführt wird.

Weiterhin zeigte diese Arbeit auf, dass eine starke Beziehung zwischen der Komplexität von IT-Projekten und Vorgehensmodellen besteht, die immer noch aktuell ist. Die agile Softwareentwicklung ist kein universell einsetzbares Vorgehensmodell und so sollte die Wahl eines Vorgehensmodells stets vom IT-Projekt abhängig gemacht werden. Daran ändert auch die Einführung hybrider Modelle wenig. Letztere versuchen aber zumindest das Problem zu lösen, dass sich die Unternehmen nicht mit jedem IT-Projekt in ihrer IT umorganisieren und umstrukturieren können, um die Vorteile verschiedener Vorgehensmodelle nutzen zu können.

Weiterführende Forschungsfragen könnten an diesen Stand anknüpfen, die Vollständigkeit und Validität der Arbeitsdefinition überprüfen und diese ggf. anpassen.

Die Teilnehmer des Interviews verwiesen bspw. auf zu viele Regeln und Vorgaben, die einem Einsatz entgegenstehen können. Die recht oberflächliche internationale Norm ISO-9001 sorgt bereits dafür, dass die agile Entwicklung eingeschränkt wird. Hinsichtlich der Barrieren und Herausforderungen wären auch Untersuchungen interessant, welche auf die Unterschiede im Einsatz der agilen Softwareentwicklung zwischen Ländern abzielen. Softwareverträge, die zwischen Auftraggeber und dem entwickelnden Unternehmen geschlossen werden, müssen schließlich die Gesetze der Länder beachten und diese sollten daher bei der Vertragsgestaltung berücksichtigt werden. Daraus kann die Fragestellung formuliert werden, wie sich Vorgaben und Regeln auf die agile Softwareentwicklung auswirken, die nur geringfügig von der Softwareentwicklung oder den beteiligten Unternehmen beeinflusst werden können.

Eine weitere Fragestellung eröffnet sich durch den kontroversen Umgang mit sicherheitsbezogenen Anforderungen. Dies kann durchaus an die vorherige Fragestellung anknüpfen, da Software, die sicherheitsrelevante Aufgaben übernehmen soll, die internationale Norm IEC 61508-3 einhalten muss und dies der agilen Entwicklung weitere Regeln und Vorgaben auferlegen kann. Automatisierte Testverfahren und ein agiles Qualitätsmanagement stellen sicherlich wichtige Punkte dar, um die Entwicklung sicherheitsbezogener Anforderungen zu ermöglichen. Die Teilnehmer der Interviews zeigten jedoch, dass die agile Softwareentwicklung für sicherheitskritische Anforderungen einerseits empfohlen und andererseits abgelehnt wird. Eine konkrete Fragestellung wäre demnach, wie eine agile Softwareentwicklung mit Sicherheitszielen vereinbart werden könnte.

Abschließend sollte diese Arbeit verdeutlichen, wie sich Vorgehensmodelle über Ansätze entwickeln, was die agile Softwareentwicklung definiert, was ihre Alleinstellungsmerkmale sind und wie sie sich dadurch von anderen Modellen abgrenzt. Die Arbeitsdefinition soll der Forschung und der Wirtschaft gleichermaßen dienen, um eine präzisere Vorstellung von der agilen Softwareentwicklung für Untersuchungen und deren Einsatz zu bekommen. Davon ausgehend sollte die Arbeitsdefinition in zukünftigen Arbeiten weiterentwickelt werden, da sie im aktuellen Zustand keinen Anspruch auf Vollständigkeit und Validität erheben kann, auch wenn sie sehr umfangreich ist.

Literaturverzeichnis

Abrahamsson, P., Salo, O., Ronkainen, J., & Warsta, J. (2017). Agile software development methods: Review and analysis. *arXiv preprint arXiv:1709.08439*.

Ambler, S. W. (2002). *Agile modeling: effective practices for extreme programming and the unified process*. John Wiley & Sons.

Ambler, S. W. (2007a). Disciplined Agile Software Development: Definition. *Abgerufen 13. November, 2018, von http://www.agilemodeling.com/essays/agileSoftwareDevelopment.htm*

Ambler, S. W. (2007b, October). Agile software development at scale. In *IFIP Central and East European Conference on Software Engineering Techniques* (pp. 1-12). Springer, Berlin, Heidelberg.

Ambler, S. W. (2011). Examining the Agile Manifesto. *Abgerufen am 18. September, 2018, von http://www.ambysoft.com/essays/agileManifesto.html*.

Anderson, D. J. (2003). *Agile management for software engineering: Applying the theory of constraints for business results*. Prentice Hall Professional.

Appelo, J. (2011). *Management 3.0: leading Agile developers, developing Agile leaders*. Pearson Education.

Aulinger, A. (2017). Die drei Säulen agiler Organisationen. *Steinbeis-Hochschule Berlin–Institut für Organisation & Management*.

Bazjanac, V. (1974). Architectural design theory: Models of the design process. *Basic questions of design theory, 3*, 20.

Balzert, H. (2000). *Lehrbuch der Software-Technik*. Spektrum Verlag Heidelberg.

Basili, V. R., & Turner, A. J. (1975). Iterative enhancement: A practical technique for software development. *IEEE Transactions on Software Engineering*, (4), 390-396.

Beck, K., Beedle, M., Van Bennekum, A., Cockburn, A., Cunningham, W., Fowler, M., Grenning, J., Highsmith, J., Hunt, A., Jeffries, R., Kern, J., Marick, B., Martin, R. C., Mellor, S., Schwaber, K., Sutherland, J., & Thomas D., & Kern, J. (2001). *Manifesto for agile software development*.

Beck, K., & Gamma, E. (2000). *Extreme programming explained: embrace change*. addison-wesley professional.

Beck, K. (2011). Beyond Agile Manifesto. *Abgerufen am 18. September, 2018, von https://beyondagilemanifesto.org/*

Bell, T. E., & Thayer, T. A. (1976, October). Software requirements: Are they really a problem? In Proceedings of the 2nd international conference on Software engineering (pp. 61-68). IEEE Computer Society Press.

Denington, H. D. (1983). Production of large computer programs. Annals of the History of Computing, 5(4), 350-361.

Brinkkemper, S. (1996). Method engineering: engineering of information systems development methods and tools. *Information and software technology*, 38(4), 275-280.

Brown, J. D. (2001). *Using surveys in language programs*. Cambridge University Press.

Broy, M., & Kuhrmann, M. (2013). *Projektorganisation und Management im Software Engineering.* Springer Berlin Heidelberg.

Boehm, B. W. (1979). Guidelines for verifying and validating software requirements and design specifications. In: *Proceedings of EURO IFIP 79*, Holland.

Boehm, B. W. (1981). *Software engineering economics* (Vol. 197). Englewood Cliffs (NJ): Prentice-hall.

Boehm, B. W. (1988). A spiral model of software development and enhancement. *Computer*, 21(5), 61-72.

Boehm, B. (2002). Get ready for agile methods, with care. *Computer*, 35(1), 64-69.

Boehm, B., & Hansen, W. J. (2000). SPECIAL REPORT CMU/SEI-2000-SR-008.

Boehm, B. W., & Turner, R. (2003). *Balancing agility and discipline: A guide for the perplexed.* Addison-Wesley Professional.

Chau, T., & Maurer, F. (2004). Knowledge sharing in agile software teams. In *Logic versus approximation* (pp. 173-183). Springer, Berlin, Heidelberg.

Chroust, G. (1992). Modelle der Softwareentwicklung - Aufbau und Interpretation von Vorgehensmodellen. Oldenbourg Verlag.

Clausen, A. S. (2012). The individually focused interview: Methodological quality without transcription of audio recordings. *The Qualitative Report*, 17(19), 1-17.

Cohn, M. (2010). *Agile Softwareentwicklung: Mit Scrum zum Erfolg!.* Pearson Deutschland GmbH.

Cockburn, A., & Highsmith, J. (2001). Agile software development, the people factor. *Computer, 34* (11), 131-133.

Cockburn, A. (2001). *Agile Software Development.* Addison-Wesley Professional.

Cockburn, A. (2006). *Agile software development: the cooperative game.* Pearson Education.

Cockburn, A. (2008). Using both incremental and iterative development. *STSC CrossTalk (USAF Software Technology Support Center)*, 21(5), 27-30.

Collier, K. W. (2012). *Agile analytics: A value-driven approach to business intelligence and data warehousing.* Addison-Wesley.

Crinnion, J. (1992). *Evolutionary systems development: a practical guide to the use of prototyping within a structured systems methodology.* Perseus Publishing.

Curtis, W., Krasner, H., Shen, V., & Iscoe, N. (1987, March). On building software process models under the lamppost. In *Proceedings of the 9th international conference on Software Engineering* (pp. 96-103). IEEE Computer Society Press.

Denzin, N. (1970). The research act: A theoretical introduction to social research.

Dern, G. (2011). Bezugsrahmen und Grundlagen. In *Integrationsmanagement in der Unternehmens-IT* (pp. 21-74). Vieweg + Teubner.

Dijkstra, E. W. (1972). The humble programmer. *Communications of the ACM, 15*(10), 859-866.

Dingsøyr, T., Nerur, S., Balijepally, V., & Moe, N. B. (2012). A decade of agile methodologies: Towards explaining agile software development.

Draffin, A. (2010, 7. April). Methodology vs framework – why waterfall and agile are not methodologies. *Abgerufen 18. September, 2018, von* https://morgoth.wordpress.com/2010/04/07/methodology-vs-framework-why-waterfall-and-agile-are-not-methodologies/

Dröschel, W., & Wiemers, M. (Eds.). (2015). *Das V-Modell 97: der Standard für die Entwicklung von IT-Systemen mit Anleitung für den Praxiseinsatz.* Walter de Gruyter GmbH & Co KG.

Duden Online. (o.J.). Stichwort: Agilität. *Abgerufen 18. September, 2018, von* https://www.duden.de/rechtschreibung/Agilitaet.

Dybå, T. (2000). Improvisation in small software organizations. *IEEE Software, 17(5)*, 82-87.

Dybå, T., & Dingsøyr, T. (2008). Empirical studies of agile software development: A systematic review. *Information and software technology, 50*(9-10), 833-859.

Dyer, M., & Mills, H. D. (1983). Developing electronic systems with certifiable reliability. In *Electronic Systems Effectiveness and Life Cycle Costing* (pp. 425-439). Springer, Berlin, Heidelberg.

Everett, R. R., Zraket, C. A., & Benington, H. D. (1957, December). SAGE: A data-processing system for air defense. In *Papers and discussions presented at the December 9-13, 1957, eastern joint computer conference: Computers with deadlines to meet* (pp. 148-155). ACM.

Friedrichsen, U., & Johann, S. (2012). Agilität jenseits der Lagerfeuer-Romantik: Ein kritischer Blick über den Tellerrand. *Objekt Spektrum*, (3), 78.

Gartner Inc. (2009, 22. Juli). Hype Cycle for Application Development, 2009. *Abgerufen 18. September, 2018, von* https://www.gartner.com/doc/1087912/hype-cycle-application-development

Gnatz, M. A. J. (2005). *Vom Vorgehensmodell zum Projektplan* (Doctoral dissertation, Technische Universität München).

Gilb, T. (1976). Software Metrics (winthrop computer systems series). *Englewood, NJ: Winthrop.*

Gilb, T. (1985). Evolutionary delivery versus the waterfall model. *ACM SIGSOFT Software Engineering Notes, 10*(3), 49-61.

Gläser, J., & Laudel, G. (2010). *Experteninterviews und qualitative Inhaltsanalyse.* Springer-Verlag.

Goldman, S. L. (1994, April). Agile competition and virtual corporations. In *National Forum, 74*(2), 43.

Goll, J., & Hommel, D. (2015). *Mit Scrum zum gewünschten System.* Wiesbaden: Springer Vieweg.

Halamzie, F. (2013). Management von Softwareprojekten: *klassisch, agil, lean und systemisch.* Diplomica Verlag.

Hartmann, P. (1991). Soziale Erwünschtheit im Interview. In *Wunsch und Wirklichkeit* (pp. 35-172). Deutscher Universitätsverlag, Wiesbaden.

Herzog, J. (2015). Software Architecture in Practice Third Edition Written by Len Bass, Paul Clements, Rick Kazman. *ACM SIGSOFT Software Engineering Notes*, 40(1), 51-52.

Highsmith, J. A., & Highsmith, J. (2002). *Agile software development ecosystems* (Vol. 13). Addison-Wesley Professional.

Hüsselmann, C. (2014). Agilität im Auftraggeber-Auftragnehmer-Spannungsfeld. *Mit hybridem Projektansatz zur Win-win-Situation. In: Projekt Management aktuell*, 1, 38-42.

IEEE (2007). *Draft Recommended Practice for the Customer-Supplier Relationship in Agile Software Projects*. P1648/D5.

Jarzombek, S. (1999). Proc. *Joint Aerospace Weapons Systems Support, Sensors and Simulation Symp*. Gov't Printing Office Press.

Kelly, S., & Keenan, F. (2010). Investigating the suitability of agile methods for requirements development of home care systems. *Journal of Software Engineering and Applications, 3*(09), 890.

Ketabchi, M. A. (1988). A computer-aided prototyping system. *IEEE Software, 5*(2), 66-72.

Kettunen, P. (2009). Adopting key lessons from agile manufacturing to agile software product development—A comparative study. *Technovation, 29*(6-7), 408-422.

Klünder, J., Handke, L., Gfesser, T., Schneider, K., & Kauffeld, S. (2017). Soziale Aspekte hybrider und traditioneller Software-Entwicklung. In *SEUH* (pp. 100-109).

Kuhrmann, M. (2008). *Konstruktion modularer Vorgehensmodelle* (Doctoral dissertation, Technische Universität München).

Kuhrmann, M., Diebold, P., Münch, J., Tell, P., Trektere, K., Mc Caffery, F., Garousi, V., Felderer, M., Linssen. O., Hanser, E., Prause, C. R. (2018). Hybrid software development approaches in practice: a European perspective. *IEEE Software*.

Laanti, M., Similä, J., & Abrahamsson, P. (2013). Definitions of agile software development and agility. In *European Conference on Software Process Improvement* (pp. 247-258). Springer, Berlin, Heidelberg.

Larman, C. (2004). *Agile and iterative development: a manager's guide*. Addison-Wesley Professional.

Larman, C., & Basili, V. R. (2003). Iterative and incremental developments. a brief history. *Computer, 36*(6), 47-56.

Lindner, D., Ott, M., & Leyh, C. (2017). Der digitale Arbeitsplatz–KMU zwischen Tradition und WandelDigital Workplace–SMEs Between Tradition and Change. *HMD Praxis der Wirtschaftsinformatik, 54*(6), 900-916.

Lindvall, M., Basili, V., Boehm, B., Costa, P., Dangle, K., Shull, F., Tesoriero, R., Williams, L., & Zelkowitz, M. (2002, August). Empirical findings in agile methods. In *Conference on extreme programming and agile methods* (pp. 197-207). Springer, Berlin, Heidelberg.

Linger, R. C. (1993, May). Cleanroom software engineering for zero-defect software. In *Proceedings of the 15th international conference on Software Engineering* (pp. 2-13). IEEE Computer Society Press.

Linger, R. C. (1994). Cleanroom process model. *IEEE Software, 11*(2), 50-58.

Linger, R. C., & Trammell, C. J. (1996). Cleanroom Software Engineering Reference Model. Version 1.0 (No. CMU/SEI-96-TR-022). CARNEGIE-MELLON UNIV PITTSBURGH PA SOFTWARE ENGINEERING INST.

Ludewig, J., & Lichter, H. (2013). *Software Engineering: Grundlagen, Menschen, Prozesse, Techniken*. dpunkt. verlag.

Lyytinen, K., & Rose, G. M. (2006). Information system development agility as organizational learning. *European Journal of Information Systems, 15*(2), 183-199.

Madden, W. A., & Rone, K. Y. (1984). Design, development, integration: space shuttle primary flight software system. *Communications of the ACM, 27*(9), 914-925.

Marshall, B., Cardon, P., Poddar, A., & Fontenot, R. (2013). Does sample size matter in qualitative research?: A review of qualitative interviews in IS research. *Journal of Computer Information Systems, 54*(1), 11-22.

Martin, J. (1991). *Rapid application development*. New York: Macmillan.

Mayring, P. (2001, February). Combination and integration of qualitative and quantitative analysis. In *Forum Qualitative Sozialforschung/Forum: Qualitative Social Research, 2*(1).

Mayring, P. (2002). Einführung in die qualitative Sozialforschung. Eine Anleitung zu qualitativem Denken. 5., überarbeitete und neu ausgestattete Auflage.

Mayring, P. (2010). Qualitative inhaltsanalyse. In *Handbuch qualitative Forschung in der Psychologie* (pp. 601-613). VS Verlag für Sozialwissenschaften.

McBreen, P. (2002). *Questioning extreme programming*. Addison-Wesley Longman Publishing Co., Inc..

McLaughlin, S. (2007). Managing knowledge for success. *Engineering Management, 17*(5), 42-45.

McIlroy, M. D., Buxton, J., Naur, P., & Randell, B. (1968, October). Mass-produced software components. In *Proceedings of the 1st International Conference on Software Engineering*, Garmisch Pattenkirchen, Germany (pp. 88-98).

Mills, H. D. (1974, November). Techniques for the specification and design of complex programs. In *Proc. of the Third Texas Conf. on Computing Systems, U. of Texas* (Nov. 1974) (pp. 8-1).

Mills, H. D. (1976). Software development. *IEEE Transactions on Software Engineering*, Englewood Cliffs, N.J., Prentice-Hall (Vol. 4, pp. 265-273).

Mills, H. (1988). Debugging Techniques in Large Systems. *Software Productivity*.

Mills, H. D. (1992, January). Certifying the correctness of software. In *System Sciences, 1992. Proceedings of the Twenty-Fifth Hawaii International Conference on* (Vol. 2, pp. 373-381). IEEE.

Mills, H. D. (1993). Cleanroom engineering. *Advances in Computers*, 36, 1.

Nerur, S., & Balijepally, V. (2007). Theoretical reflections on agile development methodologies. *Communications of the ACM, 50*(3), 79-83.

O'Neill, D. (1983). Integration engineering perspective. *Journal of Systems and Software, 3*(1), 77-83.

Plattner, H., Meinel, C., & Weinberg, U. (2009). *Design thinking*. Landsberg am Lech: Mi-Fachverlag.

PMI (2015). Pulse of the Profession®: Capturing the Value of Project Management. *Aufgerufen von https://www.pmi.org/-*

/media/pmi/documents/public/pdf/learning/thought-leadership/pulse/pulse-of-the-profession-2015.pdf.

Pressman, R. S. (2005). *Software engineering: a practitioner's approach*. Palgrave Macmillan.

Porrawatpreyakorn, N. (2013). A Survey of Early Adopters of Agile Methods in Thailand. *International Journal of Applied Computer Technology and Information Systems*, 3(1), 13-19.

Porter, C. (2017). An Agile Agenda: *How CIOs Can Navigate The Post-Agile Era*. Aufgerufen von https://www.6point6.co.uk/an-agile-agenda.

Riede, K. (2018, 23. Juli). Wie Sie die richtige Projektmanagement-Methode für Ihr Projekt finden. *Abgerufen 18. September, 2018, von https://www.solvin.com/blogdetails/wie-sie-die-richtige-projektmanagement-methode-fuer-ihr-projekt-finden.html*

Royce, W. W. (1970, August). Managing the development of large systems: Concepts and techniques. In *9th International Conference on Software Engineering*. ACM (pp. 328-38).

Schuh, P. (2004). *Integrating agile development in the real world*. Charles River Media, Inc..

Sherer, S. W., Kouchakdjian, A., & Arnold, P. G. (1996). Experience using Cleanroom software engineering. *IEEE Software, 13*(3), 69-76.

Shewhart, W. A., & Deming, W. E. (1939). *Statistical method from the viewpoint of quality control*. Courier Corporation.

Schwaber, K., & Beedle, M. (2002). *Agile software development with Scrum* (Vol. 1). Upper Saddle River: Prentice Hall.

Sommerville, I. (2011). Software Engineering, 6-th edition. Pearson Education Limited.

Sommerville, I. (2015). Software Engineering: Tenth Edition. Pearson Education Limited.

Stacey, R. D. (1996). *Complexity and creativity in organizations*. Berrett-Koehler Publishers.

Stålhane, T., & Hanssen, G. K. (2008, June). The application of ISO 9001 to agile software development. In *International Conference on Product Focused Software Process Improvement* (pp. 371-385). Springer, Berlin, Heidelberg.

Stoica, M., Mircea, M., & Ghilic-Micu, B. (2013). Software Development: Agile vs. Traditional. *Informatica Economica, 17*(4).

Subramaniam, V., & Hunt, A. (2006). *Practices of an agile developer: Working in the real world*. Pragmatic Bookshelf.

Sutherland, J. (2005, 28. September). The Roots of Scrum: How Japanese Manufacturing Changed Global Software Development Practices. *Abgerufen 20. September, 2018, von http://jeffsutherland.com/scrum/RootsofScrumJAOO28Sep2005.pdf*

Swartout, W., & Balzer, R. (1982). On the inevitable intertwining of specification and implementation. *Communications of the ACM, 25*(7), 438-440.

Tacker, T. (2017). Best Practices for Test Driven Development.

Takeuchi, H., & Nonaka, I. (1986). The new new product development game. *Harvard business review*, 64(1), 137-146.

The Standish Group International, Inc. (2016). CHAOS Report 2016. *Verfügbar unter https://www.standishgroup.com/store.*

Thomas, D. (04. März 2014). *Agile is Dead (Long Live Agility)*. *Abgerufen am 18. September, 2018, von https://pragdave.me/blog/2014/03/04/time-to-kill-agile.html abgerufen.*

Theocharis, G., Kuhrmann, M., Münch, J., & Diebold, P. (2015). Is water-scrum-fall reality? on the use of agile and traditional development practices. In *International Conference on Product-Focused Software Process Improvement* (pp. 149-166). Springer, Cham.

Turk, D., France, R., & Rumpe, B. (2014). Limitations of agile software processes. *arXiv preprint arXiv:1409.6600.*

Tsourveloudis, N. C., & Valavanis, K. P. (2002). On the measurement of enterprise agility. *Journal of Intelligent and Robotic Systems, 33*(3), 329-342.

Vasiliauskas, V. (2014). Developing agile project task and team management practices. *Eylean.*

VersionOne (2016). State of Agile Development Survey Results. *Abgerufen am 18. September, 2018, von https://versionone.com/pdf/VersionOne-10th-Annual-State-of-Agile-Report.pdf.*

West, D., Grant, T., Gerush, M., & D'silva, D. (2010). Agile development: Mainstream adoption has changed agility. *Forrester Research*, 2(1), 41.

West, D., Gilpin, M., Grant, T., & Anderson, A. (2011). Water-scrum-fall is the reality of agile for most organizations today. *Forrester Research*, 26.

Wirth, N. (1971). Program development by stepwise refinement. *Communications of the ACM, 14*(4), 221-227.

Zhang, Z., Arvela, M., Berki, E., Muhonen, M., Nummenmaa, J., & Poranen, T. (2010). Towards lightweight requirements documentation. *Journal of Software Engineering and Applications*, 3(09), 882.

Zimmerman, B. (2001). Ralph Stacey's agreement & certainty matrix. *Schulich School of Business*, York University, Toronto, Canada.

Zultner, R. (1988). The Deming approach to software quality engineering. *Quality Progress, 21*(11), 58-64.

Zurcher, F. W., & Randell, B. (1968). Iterative multi-level modelling. A methodology for computer system design. In *IFIP Congress* (2) (pp. 867-871).

Anhang

Anhang A

Abbildungen und wichtige Merkmale der Vorgehensmodelle

In diesem Anhang sind Visualisierungen der Projektorganisation für jedes genannte Vorgehensmodell chronologisch dargestellt.

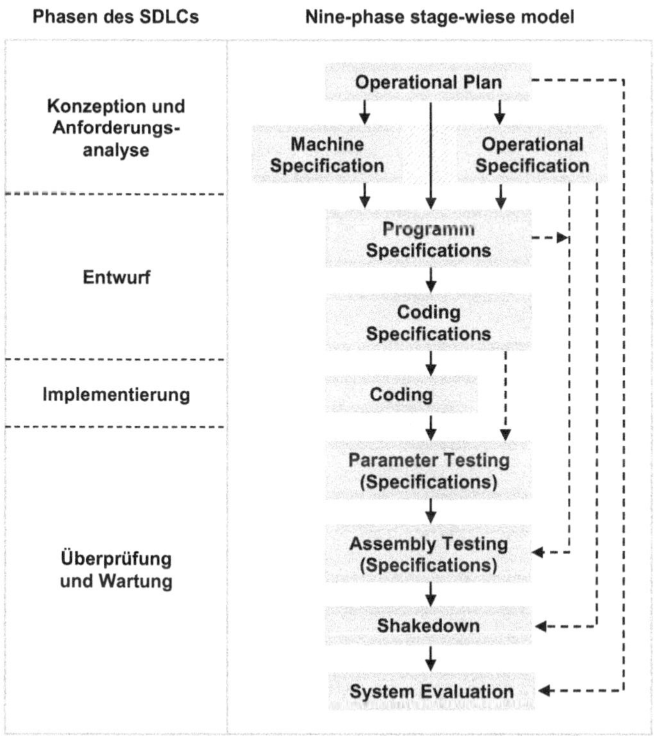

Abbildung 32: Eigene Darstellung des Nine-phase stage-wise-models nach Everett, Zraket und Benington (1957). Die Phasen des Software-Development-Life-Cycles sind zur besseren Einteilung nebenstehend abgetragen.

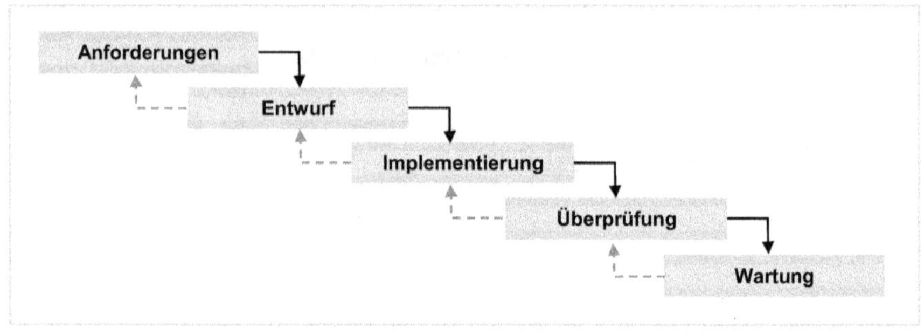

Abbildung 33: Eigene Darstellung des Wasserfall-Modells nach Royce (1970).

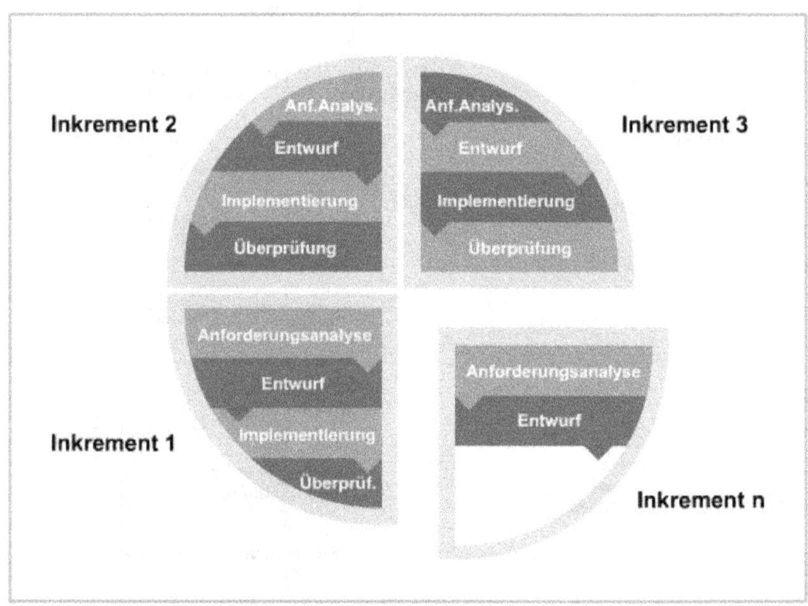

Abbildung 34: Eigene Darstellung des inkrementellen Modells nach Zurcher &
Randell (1968).

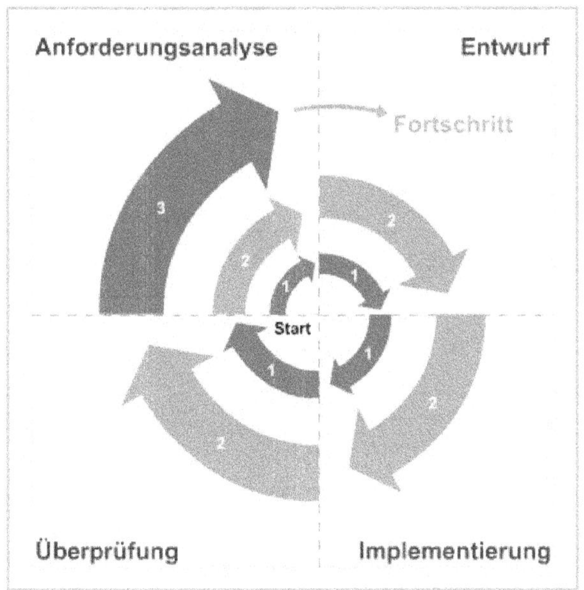

Abbildung 35: Eigene Darstellung des iterativen Modells nach Basil & Turner (1975).

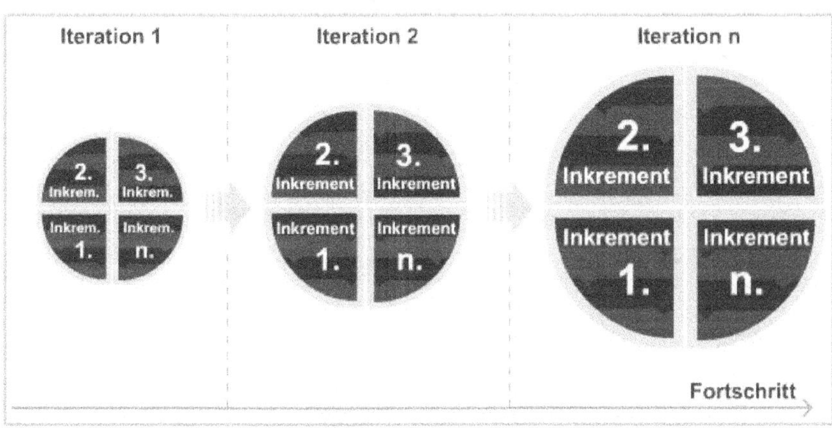

Abbildung 36: Eigene Darstellung des iterativ-inkrementelles Modells nach (Larman & Basili, 2003).

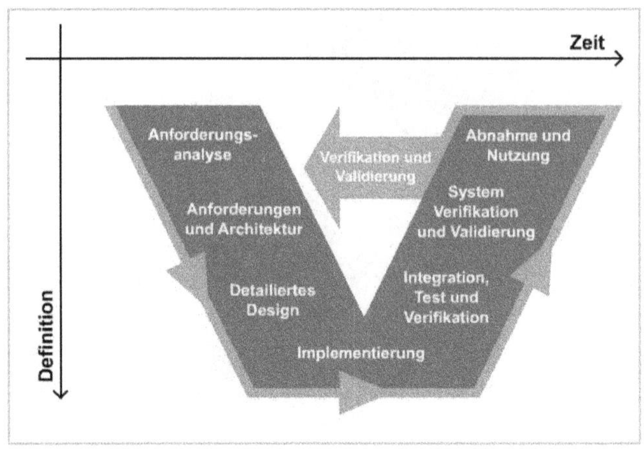

Abbildung 37: Eigene Darstellung des V-Modells nach Broy und Kuhrmann (2013).

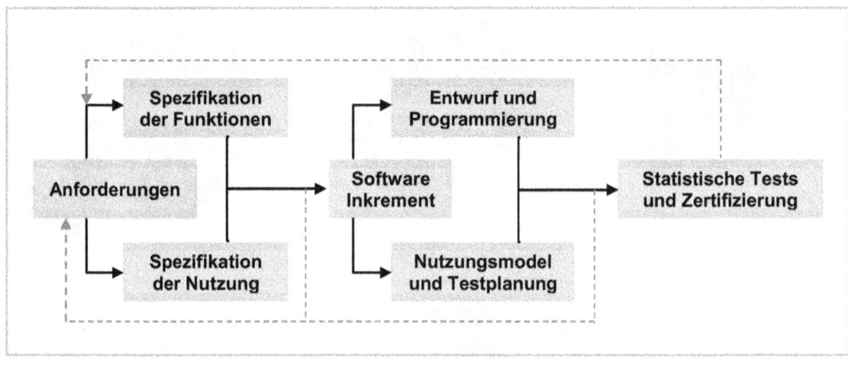

Abbildung 38: Eigene vereinfachte Darstellung des Cleanroom-Modells nach Linger und Trammell (1996, S.16).

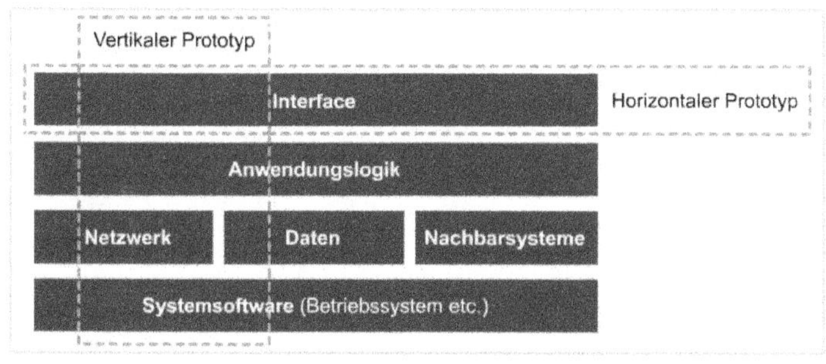

Abbildung 39: Eigene Darstellung des horizontalen und vertikalen Prototypings nach Balzert (2000).

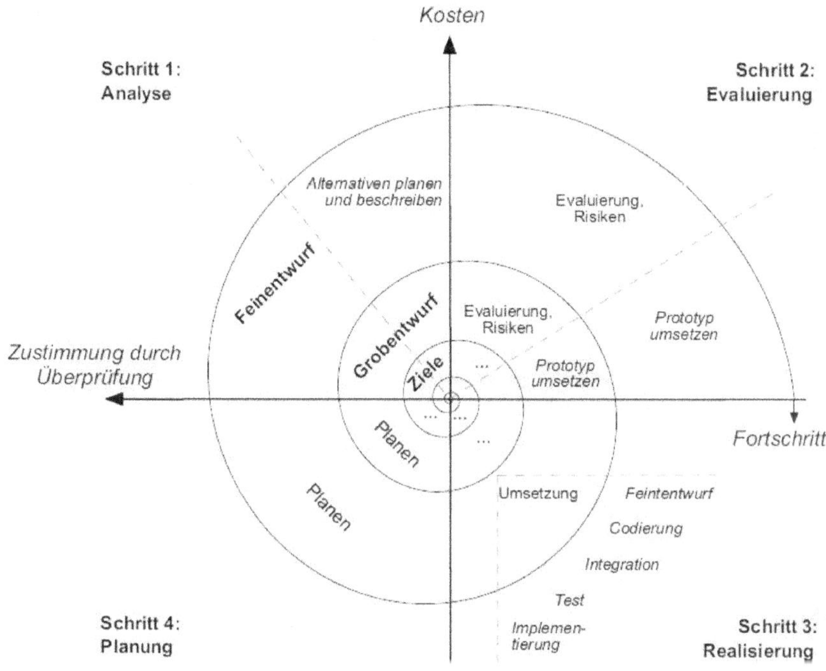

Abbildung 40: Spiralmodell nach Boehm und Hansen (2000) aus Broy und Kuhrmann (2013, S.92).

Anhang B

Wichtige Merkmale der Vorgehensmodelle

In diesem Anhang werden wichtige Merkmale einzelner Vorgehensmodelle übersichtlich dargestellt.

Zusammenfassung	**Wichtige Merkmale des Phasenmodells**	
	• Durchläuft sequentiell einmalig die Phasen des SDLCs • Ausgiebige Dokumentation	
	Komplexität: Einfach	
	Bekanntheit der Anforderungen	Hoch – Alle Anforderungen müssen zu Beginn des Projektes bekannt sein.
	Bekanntheit der Technologie	Hoch – Die einzusetzende Technologie steht zu Beginn des Projektes fest. Das Team kennt alle Lösungen.

Abbildung 41: Wichtige Merkmale des Phasenmodells.

Zusammenfassung	**Wichtige Merkmale des inkrementellen Modells**	
	• Mehrere SDLCs ermöglichen paralleles Arbeiten (an Modulen)	
	Komplexität: Einfach	
	Bekanntheit der Anforderungen	Hoch – Die Anforderungen der Software werden zu Beginn ausformuliert und in Inkremente aufgeteilt. Neue Anforderungen sind nicht möglich.
	Bekanntheit der Technologie	Hoch – Die einzusetzende Technologie und Lösungen müssen bekannt sein. Unvorhergesehene technologische Probleme gefährden das Projekt.

Abbildung 42: Wichtige Merkmale des inkrementellen Modells.

Zusammenfassung

Wichtige Merkmale des iterativen Modells

- Änderungen zwischen den Iterationen möglich
- Zwischenzeitliche Auslieferungen

Komplexität: Kompliziert

Bekanntheit der Anforderungen	Mittel – Die Anforderungen dürfen zum Teil unbekannt sein. Jedoch bleibt die Softwarearchitektur als Grundlage immer dieselbe.
Bekanntheit der Technologie	Mittel bis Hoch – Es ist kein Lösungsfindungsprozess vorgesehen, weswegen starke unvorhergesehene technologische Probleme nicht zu lösen wären.

Abbildung 43: Wichtige Merkmale des iterativen Modells.

Zusammenfassung

Wichtige Merkmale des iterativ-inkrementellen Modells

- Höchste Flexibilität eines organisierten Entwicklungsprozesses
- Jederzeit Änderungen möglich
- Regelmäßige Auslieferungen

Komplexität: Komplex

Bekanntheit der Anforderungen	Niedrig – Die wahren Anforderungen können sich über die Entwicklungszeit herausbilden.
Bekanntheit der Technologie	Mittel – Die einzusetzende Technologie kann bis zu einem bestimmten Grad unbekannt sein, eine aktive Lösungsfindung ist jedoch nicht vorgesehen.

Abbildung 44: Wichtige Merkmale des iterativ-inkrementellen Modells.

Zusammenfassung

Wichtige Merkmale der Cleanroom Softwareentwicklung

- Risikogetriebene Entwicklung
- Statistische Reliabilitätsmaße
- Iterativ-inkrementelle Entwicklung

Komplexität: Kompliziert / Komplex	
Bekanntheit der Anforderungen	Mittel – Die Anforderungen können sich über die Entwicklungszeit herausbilden.
Bekanntheit der Technologie	Mittel – Es ist kein Lösungsfindungsfindungsprozess für schwerwiegende technologische Probleme vorgesehen.

Abbildung 45: Wichtige Merkmale der Cleanroom Softwareentwicklung.

Zusammenfassung

Wichtige Merkmale des Prototypings

- Einbindung des Auftraggebers
- Demonstratoren zur Evaluierung und zum Experimentieren
- Schnelle Fortschritte

Komplexität: Kompliziert / Komplex	
Bekanntheit der Anforderungen	Niedrig bis Mittel – Die Anforderungen müssen zur Erstellung eines Prototyps ausreichen.
Bekanntheit der Technologie	Hoch bis Mittel – Ein fertiger Prototyp löst unvorhersehbare technologische Probleme nicht. Daher müssen die Lösungen weitgehend bekannt sein.

Abbildung 46: Wichtige Merkmale des Prototypings.

Zusammenfassung

Wichtige Merkmale des Spiralmodells

- Risikofokussiert
- Vorgehensmodellgenerator

Komplexität

Bekanntheit der Anforderungen	Mittel – Anforderungen können via Prototyping erkannt und jederzeit in die iterativ-inkrementellen Entwicklung eingebracht werden.
Bekanntheit der Technologie	Mittel – Zur Lösung starker technologischer Probleme fehlt hingegen ein Lösungsfindungsprozess

Abbildung 47: Wichtige Merkmale des Spiralmodells.

Zusammenfassung

Wichtige Merkmale des V-Modells

- Validierung der Ergebnisse

Komplexität: Einfach / Kompliziert

Bekanntheit der Anforderungen	Niedrig – Anforderungen können sich nicht über die Projektlaufzeit entwickeln (Grundform des V-Modells).
Bekanntheit der Technologie	Niedrig – Zur Lösung technologischer Probleme fehlt ein Lösungsfindungsprozess.

Abbildung 48: Wichtige Merkmale des V-Modells in seiner Grundform.

Anhang C

Interviewleitfaden

Herzlich Willkommen zum Interview. Mein Name ist Torsten Gfesser und ich bin Masterstudent im Studiengang Human Factors an der Technischen Universität Berlin. Das Interview findet im Rahmen meiner Masterarbeit statt. Dabei soll allgemein das Verständnis über agile Softwareentwicklung in der IT erhoben werden.

Das nun folgende Interview dauert ca. **45-60** Minuten. Ich werde auch darauf achten, dass wir die Zeit nicht überschreiten und Sie ggf. darauf hinweisen.
Im Interview werde ich Ihnen Fragen stellen, welche ich Sie bitte so ehrlich wie möglich zu beantworten. Sie können bei jeder Frage auch Rückfragen stellen oder um eine kurze Erklärung bitten. Beachten Sie jedoch, dass ich bei Verständnisfragen keine entsprechende Erklärung gebe und bei anderen Fragen auch von mir aus stellenweise Informationen nachliefere.

Zur Verarbeitung der Daten: Die erhobenen Daten werden anonym behandelt und es wird zu keiner Zeit ein Rückschluss auf Sie oder Ihr Unternehmen möglich sein. Bei Interesse kann ich Ihnen sehr gern die Ergebnisse dieser Studie nach der Auswertung zukommen lassen, worauf ich aber gerne nach diesem Interview noch einmal zurückkommen möchte.

Wenn Sie bereit sind, dann beginne ich mit der ersten Frage:

1. Wie alt sind Sie? (JAHRE)

2. Welche akademischen und/oder beruflichen Ausbildungen haben Sie absolviert? Ausbildung in der IT, Wirtschafts-/Informatik Studium, Business Analyst, …

3. In welchen Berufs-Positionen haben Sie gearbeitet und in welcher Position arbeiten Sie zurzeit?

4. Wie lange sind Sie in Ihrer aktuellen Position beschäftigt?

5. Wie viele Mitarbeiter beschäftigt das Unternehmen in dem Sie zurzeit arbeiten?

6. Wo ist der Standort ihres aktuellen Arbeitgebers?

7. Arbeiten Sie in der Softwareentwicklung oder haben Sie einmal in der Softwareentwicklung gearbeitet?

    ☐ JA   ☐ NEIN

    Wenn ja, wie viele Jahre?

8. Was für Software entwickelt das Unternehmen in dem Sie zurzeit arbeiten?

____

9. Wie schätzen Sie Ihre praktischen Erfahrungen in der Softwareentwicklung **allgemein** ein? Bitte antworten Sie hier auch mit einer Zahl von 1 bis 5. Wobei 5 die höchsten praktischen Erfahrungen zum Ausdruck bringt und 1 die geringsten.

1	2	3	4	5

10. Haben Sie Erfahrung in der Organisations- und Projektplanung?

    ☐ JA   ☐ NEIN

    Wenn ja, wie viele Jahre?

11. Haben Sie Erfahrung mit agiler Softwareentwicklung?

    ☐ JA   ☐ NEIN

    Wenn ja, wie viele Jahre?

12. Wie schätzen Sie Ihre Erfahrungen mit **agiler** Softwareentwicklung ein? Bitte antworten Sie mit einer Zahl zwischen 1 und 5, wobei 5 den höchsten Kenntnisstand darstellt und 1 den geringsten.

1	2	3	4	5

13. Wie erwerben Sie Ihr Wissen über Softwareentwicklung?

____

14. Was bedeutet agile Softwareentwicklung für Sie? Wie definieren Sie agile Softwareentwicklung?

____

____

In der agilen Softwareentwicklung existieren verschiedene Begriffe die unterschiedenen werden sollten. Dazu zählen allem voran die vier Begriffe **Vorgehensmodell, Framework, Methode** *und* **Praktik bzw. Technik.**

15. Können Sie diese vier Begriffe Vorgehensmodell, Framework, Methode und Praktik voneinander abgrenzen? *(Allgemein)*

    ☐ JA   ☐ NEIN

Diese vier Begriffe Vorgehensmodell, Framework, Methode und Praktik sind in dieser Reihenfolge auch hierarchisch geordnet. Am Anfang steht das Vorgehensmodell über allem anderen. Dieses legt die groben Rahmenbedingungen fest, wie Software zu entwickeln ist. Dem untergeordnet sind Frameworks, welche die Rahmenbedingungen noch weiter eingrenzen und den Einsatz bestimmter Methoden vorschreiben können. Den Frameworks sind also wiederum Methoden untergeordnet, die schon deutlich genauer beschreiben, welche Regeln und Prinzipien eingehalten werden müssen. Ebenso geben Methoden vor, mit welchen Techniken bzw. Praktiken sie umgesetzt werden sollten. Deshalb sind Praktiken und Techniken den Methoden untergeordnet und geben sehr genau vor, was wie zu tun ist.

16. Welche Vorgehensmodelle kennen Sie?

____

17. Ich möchte Ihnen jetzt neun der bekanntesten Vorgehensmodelle nennen und Sie bitten, mir zu jedem Modell mitzuteilen, ob sie dieses Modell kennen.

#	Vorgehensmodell	Bekannt?
1	Wasserfall-Modell / Phasenmodell / sequenzielles Modell	
2	V-Modell	
3	Inkrementelles Entwicklungsmodell	
4	Iteratives Entwicklungsmodell	
5	Evolutionäres Entwicklungsmodell	
6	Prototyping / Entwicklung mit Prototypen	
7	Spiralmodell	
8	Cleanroom-Modell	
9	Agile Entwicklung bzw. agiles Vorgehensmodell	

18. Speziell zum agilen Vorgehensmodell: Nutzen Sie auch agile Frameworks wie z.B. *SCRUM und wenn ja, welche?*

    ☐ JA   ☐ NEIN

    Wenn ja, welche genau?

19. Welche agilen Methoden kennen Sie?

20. Welche agilen Praktiken bzw. Techniken kennen Sie?

21. Was halten Sie allgemein von agiler Entwicklung? Bzw. von dem Trend agil zu entwickeln?

22. Wie würden Sie gerne Software entwickeln, wenn Sie die freie Wahl hätten? Und warum?

    ☐ AGIL   ☐ Nicht agil

<u>Wenn nicht agil</u>: Ist dieser Ansatz in Ihrem Unternehmen nicht realisierbar?
Und was sind dabei die Hindernisse?

23. Im Folgenden werde ich Ihnen 15 Aspekte aus der Softwareentwicklung nennen. Ich bitte Sie, bei jedem Aspekt zu antworten, ob Sie diesen der agilen Softwareentwicklung zuordnen oder nicht.

Nr.	Aspekt / Begriff	JA	NEIN
1	**Inkrementell**		
	Die Software wird z.B. nach Anforderungen aufgeteilt, in diesen Teilen entwickelt und am Ende zu einer Version zusammengeführt.		
2	**Iterativ**		
	Wiederholungen von Schritten bzw. Phasen in der Softwareentwicklung führen jeweils zu einer neuen Version.		
3	**Sequenzieller Verlauf**		
	Das Projekt durchläuft die Schritte bzw. Phasen der Softwareentwicklung sequentiell.		
4	**Evolutionär**		
	Die Software wird über mehrere Versionen funktional ausgebaut, bis sie den optimalen Funktionsumfang bietet.		
5	**Starke Nutzer Einbindung / Zusammenarbeit**		
	Die zukünftigen Anwender des Systems werden über den gesamten Entwicklungsprozess mit eingebunden und arbeiten sehr eng mit an der Entwicklung.		
6	**Starke Kunden Einbindung / Zusammenarbeit**		
	Kunden werden als Auftraggeber über den gesamten Entwicklungsprozess mit eingebunden und arbeiten sehr eng mit an der Entwicklung.		
7	**Schnelle Auslieferung**		
	Die Software wird in kleinen Schritten entwickelt die bereits früh und auch nach jeder neuen Version als nützliche Software ausgeliefert wird.		
8	**Adaptive Programmierung**		
	Während der Softwareentwicklung sind jederzeit Änderungen möglich.		
9	**Geringer Planungsaufwand**		
	Die Softwareentwicklung kommt mit wenig Planungsaufwand aus.		
10	**Detaillierte Zeitpläne z.B. für Aufgaben**		
	Für viele Elemente wie z.B. einzelnen Aufgaben gibt es detaillierte Zeitschätzungen und Zeitpläne.		
11	**Lernprozess**		
	Die Entwicklung ist durch einen aktiven Lernprozess geprägt, bei dem Lösungen erarbeitet werden und regelmäßig reflektiert wird, um die Effektivität zu verbessern.		
12	**Gemeinsame Vision**		
	Der Großteil aller Mitarbeiter teilt eine gemeinsame Vision von der Qualität und vom Ergebnis der Softwareentwicklung.		
13	**Mitarbeiter: Motivation, Zusammenarbeit und Kommunikation**		
	Mitarbeiter kommunizieren eng, kollaborieren stark und werden durch ihre Führungskräfte darin unterstützt		
14	**Budget, Umfang und Dauer des Projektes sind als Rahmen festgelegt**		
	Der Projektrahmen ist dahingehend bekannt, dass das Budget, der Umfang und die Dauer des Projektes festgelegt sind.		
15	**Autonome, selbstorganisierende Teams**		
	Teams organisieren sich selbstständig und agieren weitgehend autonom.		

24. Ich möchte Ihnen nun weitere acht Aspekte nennen, deren Wichtigkeit Sie für die <u>agile Entwicklung</u> beurteilen sollen. Zu jedem Aspekt können Sie antworten mit „gar nicht", „wenig", „mittelmäßig" oder „hoch".
Am besten notieren Sie sich die Antwortmöglichkeiten auf einem Blatt Papier.

Nr.	Aspekt / Begriff	Gar nicht	Wenig/ Niedrig	Mittel	Stark/ Hoch
1	**Ausformulierung der Anforderungen**				
	Wie stark sollten die Anforderungen zu Beginn des Projektes bekannt sein?				
2	**Bekanntheit der Technologie**				
	Wie weit sollte die Technologie, die zur Umsetzung der Anforderungen benötigt wird, zu Beginn des Projektes bekannt sein?				
3	**Ausprägung der Hierarchie**				
	Wie stark sollte die Unternehmens-Hierarchie für eine agile Entwicklung ausgeprägt sein?				
4	**Stärke der Dokumentation**				
	Wie detailliert muss das Projekt dokumentiert werden?				
5	**Grad der Kundeneinbindung**				
	Wie stark ist der Auftraggeber gefordert, am Projekt mitzuarbeiten?				
6	**Risiko**				
	Wie hoch ist das Risiko für den Auftraggeber, das die Investition in die neue Software kein nützliches Ergebnis hervorbringt?				
7	**Wartezeiten bis zum Einsatz**				
	Wie lange muss der Auftraggeber auf nützliche Ergebnisse warten?				
8	**Eignung für sicherheitskritische Projekte**				
	Wie gut eignet sich eine agile Entwicklung für sicherheitskritische Projekte?				

25. Nachdem Sie nun einige Aspekte bewertet haben, möchte ich Sie nun fragen, welche **drei** Aspekte Sie in der agilen Softwareentwicklung am wichtigsten finden bzw. an welche drei Aspekte Sie sich gut erinnern.

1. ____

2. ____

3.

Ich würde jetzt gerne mit Ihnen über den konkreten Einsatz agiler Methoden sprechen.

26. Existieren in Ihrem Unternehmen bestimmte Vorgaben für den Einsatz agiler Methoden?

    ☐ JA   ☐ NEIN

    Wenn ja, welche genau?   Wenn Nein, kennen Sie welche?

27. Welche Gründe sprechen Ihrer Meinung nach <u>für</u> die Nutzung agiler Methoden?

28. Welche Gründe sprechen Ihrer Meinung nach <u>gegen</u> die Nutzung agiler Methoden?

29. Welche Herausforderungen oder Barrieren sehen Sie beim Einsatz agiler Entwicklung?

Welche Möglichkeiten sehen Sie, um diese Hindernisse zu beseitigen? Können Sie ggf. konkrete Vorschläge nennen?

30. Wie gehen Sie vor, um die Komplexität bzw. Schwierigkeit eines Projektes zu beurteilen?

31. Worauf achten Sie besonders, wenn Sie die Komplexität eines Projektes beurteilen sollen?

32. Hat die Komplexität eines Projektes Ihrer Meinung nach einen Einfluss auf den Einsatz eines Vorgehensmodells wie z.B. der agilen Softwareentwicklung?

33. Nutzen Sie eine agile Entwicklung für interne Projekte, externe Projekte oder generell für alle Projekte?

    ☐ Intern   ☐ Extern   ☐ Beides

Wenn Extern oder Beides:

a. Welche Vertragsform wählen Sie für Ihre agilen Projekte?

b. Welche Probleme kann es bei der Vertragsgestaltung agiler Projekte geben?

34. Wie messen Sie den Projekterfolg eines agilen Projektes?

____

____

35. Ab wann gilt ein Projekt als "abgeschlossen"?

____

____

36. Definieren Sie für den Abschluss eines Projektes konkrete Abnahmekriterien?

☐ JA   ☐ NEIN

Wenn ja, welche genau?

____

____

37. Ich möchte Sie nun abschließend erneut fragen, was agile Softwareentwicklung für Sie bedeutet. Wie definieren Sie agile Softwareentwicklung?

____

____

____

____

____

Fragen/ Unklarheiten Abschluss

Gibt es noch Fragen oder Unklarheiten zu dem eben geführten Telefoninterview? Wenn Sie keine weiteren Fragen haben, möchte ich mich ganz herzlich für Ihre Teilnahme bedanken.

Wenn Sie eine Rückmeldung über die Ergebnisse wünschen, erhalten Sie diese nach Fertigstellung der Masterarbeit. Dazu müsste ich mir noch Ihre **E-Mail Adresse** notieren, die ich getrennt von den Interviewdaten bis zum Versenden der Ergebnisse speichere, um die aktuelle Datenschutz-Grundverordnung einzuhalten. Mit Ihrer E-Mail Adresse erteilen Sie mir auch das Recht Ihnen die Ergebnisse zukommen zu lassen. Natürlich können Sie dieser Speicherung jederzeit widersprechen.

Vielen Dank für Ihre Zeit und auf Wiederhören!

BEI GRIN MACHT SICH IHR WISSEN BEZAHLT

- Wir veröffentlichen Ihre Hausarbeit, Bachelor- und Masterarbeit

- Ihr eigenes eBook und Buch - weltweit in allen wichtigen Shops

- Verdienen Sie an jedem Verkauf

Jetzt bei www.GRIN.com hochladen und kostenlos publizieren

www.ingramcontent.com/pod-product-compliance
Lightning Source LLC
Chambersburg PA
CBHW031054090925
32270CB00104B/3509